副島隆彦

生命保険はヒドい。騙しだ

GS
21

まえがき

日本の生命保険は、客（契約者）の取り分（利益）がものすごく小さい。

日本の生保《せいほ》は、欧米のものに比べてヒドい、という話を私が耳に挟んだのは、15年ぐらい前だった。日本の生命保険は、外国に比べて契約者（お客）への償還《しょうかん》率《りつ》が非常に低い、悪い、とそのとき聞いた。香港に行ったとき、現地の生保《せいほ》の代理店の人に聞いた。ところが、私は、この話を真《ま》に受けなかった。真剣に受け取らなかった。

だから私は生保《せいほ》の掛《か》け金《きん》を25年間も払い続けて、ヒドい目に遭《あ》っていることに気づかないまま、今日まで来てしまった。

ようやく「日本の生保はヒドい」という話が、最近、私の周《まわ》りで聞こえるようになった。しまった。と気づいたときには、もう遅かった。大きく騙《だま》されていたのは、この私自身だった。ああ私はバカだった。

私は、この25年間、毎月5万6000円の掛《か》け金《きん》（保険料）を払い続けて（現在65歳）、そして、ほとんど何も貰《もら》えない。ほとんど何も返って来ない。ごく普通の「死んだら5000万円が払われる」という生命保険に入っている。68歳の満期（？）まで、あと3年だ。80歳で契約終了（？）だ。

私は、まだ死なない。死ぬ予定もない。死ぬ気もない。体のどこも悪くない。病気もない。ちょっと病気したが大《たい》したことはなかった。元気そのものだ。だから、おそらく死なない。健康体だ。あ、しまった。謀《はか》られた。私はまんまと騙されたのだ。この「死んだら5000万円の保険」は、大きな罠《わな》だった。私は25年間も騙され続けたのだ。

生命保険はヒドい。騙しだ／目次

第2章 契約内容のおかしさを保険会社に訴えた

図版・DTP　美創

序章

25年間、騙され続けた。私はバカだった

満期が近づき、ハッと気づいた自分の被害

私の5000万円の保険金のうちのほとんどすべて、即ち、4800万円は、掛け捨てだった。掛け捨てというコトバを保険会社の営業社員たちは、私への説明で最後まで認めなかった。しかし遂《つい》に最後で掛け捨てだと認めた。

私は、終身《しゅうしん》保険（これを本《ほん》契約というのだ）が、たったの100万円しかない。そして、疾病《しっぺい》特約が100万円だ。「疾病《しっぺい》、疾病《しっぺい》」で、「いざという時の病気、手術の手当て（更に今は介護）」で、何の意味もないのに、こっちに目を逸《そ》らせる。それが100万円だ。私は、これをこれまでにたった1回、つい去年42万円（前《ぜん》立腺肥大《りっせんひだい》の手術で10日間入院で）もらった。これだけだ。

そして、残りの大部分の4800万円は、「定期《ていき》保障特約《とくやく》」という掛け捨てだった。しまった、ここでダマされた。

「生命保険が危ない」、という特集が、雑誌でたまに組まれる。それでも、どこか保険会社に遠慮がある。消費者が知りたい真実は詳しく出ていない

「週刊東洋経済」2018/1/20号

「週刊ダイヤモンド」2013/3/9号

こんなに「保険に騙されるな」とか「もう騙されない」と書いている割に、中の記事は、どれも難しくて、普通の人には理解できない。業界関係者（代理店。男たち）が書いているからだ。業界の後《うし》ろ暗《ぐら》い真実を知っているのだが、正直には書いていない。

私は、このまま満期になっても、もう何にも貰えない。これが日本の生命保険のタチの悪さだ。策略だ。

定期特約というから、銀行の定期預金に似たものかな、と皆、思う。私もそう思った。ところが、この「定期《ていき》」というのは、初めからわざと意味不明なように出来ていた。この「10年定期の見直し、契約の転換」で客を新たに騙すのだ。ものすごいダマしの仕組《しく》みがここに有る。私はようやく見抜いた。だから、この本1冊でこのことを書く。

日本のセイホはヒドいのだ。残りの4800万円の定期部分は、掛け捨てなのだ。満期68歳になって、毎月の掛け金が終わると契約終了で、パーになる。私には何も残らない。ただし前述した100万円ポッキリが終身《しゅうしん》部分＝主《しゅ》保険で、「死んだら」払われる。それだって、80万円ぐらいしか払われないようだ。

まったく恐れ入ったヒドい連中だ、生保《せいほ》というのは。

私たちは保険会社の「おすすめプラン」を聞かされ、保険会社のいいように騙されている

写真イメージ：iStock/imtmphoto

払い込んだお金はほとんど戻ってこない。保険会社は、「その間の保障がありました」と言うが、とりすぎだろう。

私が、ハッと、この大きなダマシに気づいたのは、奥さんから「今のうちに契約を見直さないと、もういい条件では再契約はできないのよ」と言われた時だ。このとき新しい「ご契約プラン」を見せられた。そうしたら、「今後の毎月の保険料は16万3000円です」となっていた。「16万3000円なんか、どうして払えるんだ。なぜこんな大きな金額になるんだ」と私が叫んだときだ。奥さんは顔を歪ませて何も言わなかった。奥さんは、「あなたが死んだら私の生活保障で5000万円入るのよ」の一点張りでやってきた。この契約そのものがダマシなのだと、私は、このとき天から電気がビリビリと脳に落ちてきて気づいた。

そして、本気になって調べ始めた。日本人の死亡率は1%だ。「65歳だと100人にひとりしか死なない」のだ。P179にその表を載せた。これでは日本の生保は丸儲《まるもう》けだ。

満期で下りるお金もない。ちょっとのサービスも、私の積み立て金からだ

この他に、もうひとつ「へんれい金《きん》」というコトバがある。「へんれい」と言うから、返礼《へんれい》金で、保険会社が、長いこと掛けてくれたお礼《れい》で、何かお返し、ボーナスでもくれるのかな、と私は思っていた。そうしたら、違った。これは返戻《へんれい》金《きん》と書いて、「もとの人に返す戻《もど》す」という意味だと、国語辞典に書いてある。これは配当金《はいとうきん》とはちょっと違う。よく分からない。

25年間も私は、毎月（平均）5万6000円も払い続けて、配当金の積み立て、金は、たったの1万7000円、と言われた。しまった。謀《はか》られた。ここでも騙されたのだ。

私の返戻金の積み立て分は、「契約の転換《てんかん》（見直し）」の度《たび》ごとに保険会社に勝手にいいように取り崩されていて、私の積み立て部分は計画的にスッカラカンにされていたのだ。ここに、契約の転換《てんかん》、切り替え、見直し、下取りという恐ろし

い仕掛《しか》けがあった。私は、この25年間の間に、3回、この転換《てんかん》をしていた。いや、させられていた。うちの奥さん（私の配偶者《はいぐうしゃ》spouse《スパウズ》）が、生保レディにいいように口車《くちぐるま》に乗せられて、この転換《てんかん》、見直し、というのをさせられていた。これで、まんまと、私の積み立て金は、その度《たび》ごとに、ほとんど取り崩されていた。この元資《げんし》を代理店（セイホのおばさん他《ほか》）と本社が、おそらく50万円ぐらいずつ山分けしている。この金額を私は追求し追及しなければいけない。

前述した「10年ごとの定期特約の期限が来ますので、そろそろ新しい契約に転換しませんか」という恐ろしいダマシの手口がこの度ごとに使われたのだ。私はこれまでの25年間で合計1400万円の掛け金を払ったが、これらはほとんどがパーだ。つまり掛け捨て保険に最初の最初から（25年前から。1994年から）入《はい》らされていたのだ。ああ、バカだった。

生保レディがすすめてくるのは、自社の商品だけだ。情報はいつも一方的で、客のためにならない

写真イメージ：PIXTA

欧米では、保険の代理店は、いろいろな保険会社の商品を扱って、客に勧《すす》める。だから業界競争が丸見えになる。日本の業界慣行はおかしい。

長年、保険料を払い続けた客が大事にされていない現実

私は、日本の生保《せいほ》は、きっと日本国民思《おも》いの、長く契約して来た人には、それなりの手厚い見返《みかえ》りのある保険制度だろう、と勝手に思い込んで、信じ込んでいた。そして、奥さんに任《まか》せっきりにして、（契約者は私。受取人は妻）、ここまでやってきて、それで人生の終活《しゅうかつ》（終了活動）が始まった65歳で、ハッと気づいて、それで急に私は慌《あわ》てた。

やられた、嵌《は》められた。とそのとき天《てん》から教えが落ちてきた。私は、まんまと長年、保険会社にダマされていたのだ。このことを、なんとしてもみんなに知らせなければ。まだ気づいていない、多くの人たちに。

私だけではないのだ。ほとんどの無知な国民は（つい最近までの私を含めて）、身近《みぢか》にこの業界の真実を教えてくれる人がいない人たちは、勧誘《かんゆう》されて生命保険に入《はい》らされて、長い間掛け金を払い続けて、そして最後にポイされるのだ。

さらに最近は80歳代の高齢の老婆たちを騙して「100歳になったら貰えますよ」という驚くべき新手《あらて》のダマシ商品まで売り出している。本当にオソロシイやつらだ。

それでも後述するが、同じ生保でも国《くに》（政府）が干渉している団信《だんしん》（団体信用生命保険）と、まじめな「県民共済」（これはダマシではない、いい保険会社だ）などは別だ。

私は、もう30年も評論業で身を立てている人間であり、金融評論家でもある。これまでに、金融と経済の本もたくさん書いて出版して、それでゴハンを食べてきた。書いた金融と経済の本は、優《ゆう》に100冊を超える。本の、印税《いんぜい》というヘンなコトバは使いたくない。原稿収入である。これは1冊1600円の本の1割の160円だ。たったこれだけを出版社各社から払ってもらって、それをかき集めて生活してきた。私は苦心して本を書き続けたので、売れた本が多い。知っている人は皆、知っている。

この金融評論で食べて来た私が、『生命保険はヒドい。騙しだ』を書く。こんな己《おの》れの恥っさらしの、バカみたいな真実をこうして詳《つまび》らか（詳細《しょうさい》という意味）にしなければならない。本当に恥ずかしい限りである。そして、保険会社はよくも、こんなヒドい騙し方をやり続けてくれたな。私は怒っている。激しく怒っている。この真実は、どうしても世の中（日本社会）に正直に書いて知らせなければ済まない。みんな、目を醒《さ》ましてください。

今の今も、私と同じような生命保険の潜在的被害者が、全国にたくさん、それこそ何百万人もいる。特にお金持ち（富裕層）の人たちがひっかかっている。「死んだら2億円。毎月の払いが20万円」という保険を、何も気づかないで、漫然と払い続けている金持ち老人たちが、ごまんといる。そして、これらのほとんどは掛け捨て、だ。パーになる。私は己れの恥をしのんで、この真実を満天下に

「国民生活センター」（この役所は、受け付けるだけでも偉い）に届いた、生命保険の苦情の件数は、2017年度で6462件だ

PIO-NETに寄せられた相談件数の推移

年度	2015	2016	2017	2018
相談件数	7,877	7,694	6,462	4,387（前年同期　4,411）

相談件数は2018年12月31日現在（消費生活センター等からの経由相談は含まれていません）

http://www.kokusen.go.jp/soudan_topics/data/seiho.html

最近の事例

○ 夫の生命保険を、勧誘員に勧められるままに転換したら、保険料の積立部分に関する特約が消えていた。

○ 母が銀行に勧められ、投資信託だと思って契約したが、実際は「外貨建て変額終身保険」だと分かった。損失が出ており補てんを求めたい。

○ 高齢の父が、地元の金融機関で養老保険を契約していたと最近分かった。高額で支払困難なので取消してほしい。

……など

晒《さら》して、みんなに警告する。みんな、ダマされていますよ。早く気づきなさい、と。私は自分自身が警報器《アラーム》になる。

騙しの手口はこの2つにある

私は、ごくふつうの生命保険に入っているのだ。私と同じものに入っている人は、ものすごい数でいる。ただし、10年前までの「一時払い養老保険」は違う。あれは、本当に客が儲かった。この一時払い養老保険で、500万円、1000万円、儲かった人は以前は、かなりいた。今はもういない。

だから、私がハッと気づいて、「自分はダマされている。これはヒドい。自分の掛け金の積み立ては、ほとんどなくされているのだ」と気づいて、焦《あせ》りながら、この半年間、調べて分かった。大きく騙《だま》しの手口は次の2つだ。前述したが、要約して繰り返す。

「主《しゅ》契約」が大事なのだ。それを、日本の生保業界は隠《かく》して、掛け捨て部分(×「定期契約」)ばかりを客に売りつけて、自分たちの儲けにしている

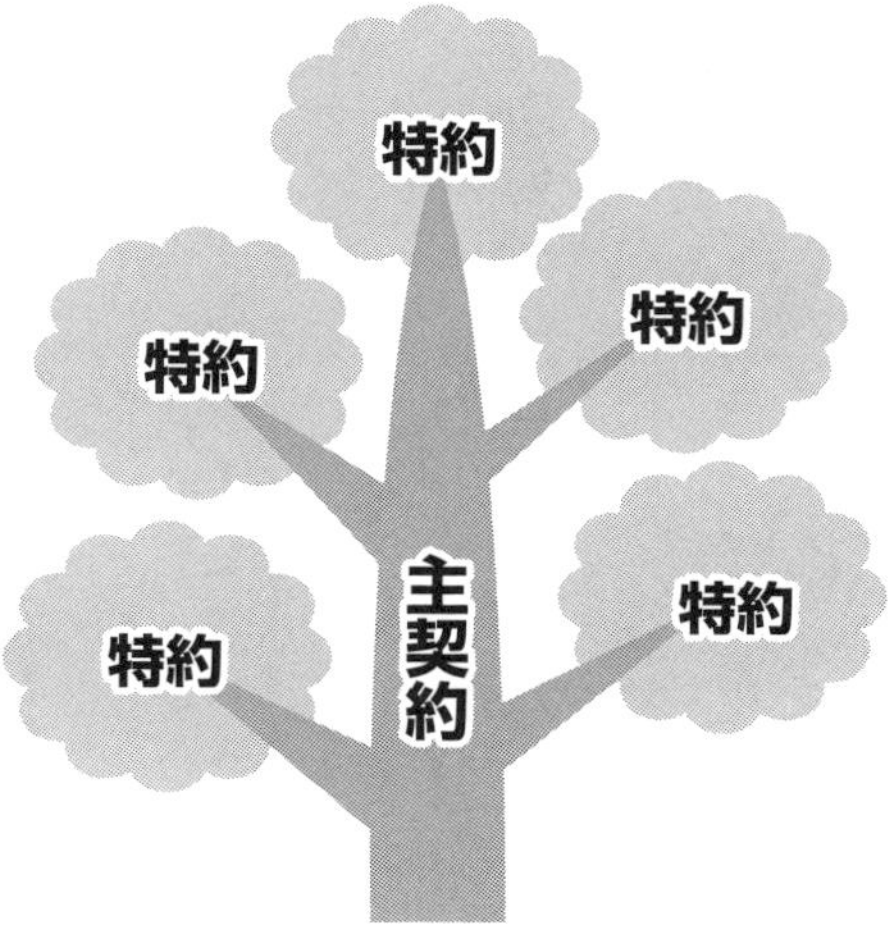

この図のように説明している。それなのに「主《しゅ》契約」をわざとハシタ金《かね》にしている。生保業界は悪《あく》の組織に転落している。この「主契約」と「特約」の関係を説明している絵図で、幹である「主な契約」が、私の場合はたった100万円だった。枝の「特約」が4900万円だ。何ということをするのか。私はここで嵌《は》められた。これは詐欺だ。

①保険契約の主《しゅ》契約である終身《しゅうしん》部分を、初めからたったの１００万円にされた。これを５００万円にするべきだった。そうしたら、私の受けた被害（打撃）は相当にやわらいだはずだ。しまった謀られた。「契約内容を始めからやり直してくれ」と私が言っても、向こうは知らん顔をして応じない。

　ここにダマシの根幹（中心）があるからだ。そして、主契約（何がたったの１００万円で主契約だ！）に附随（附属）している定期特約が４８００万円だ。これは、掛け捨てだった。だから、全部消える。68歳までに私が死ななければパーである。私は、たぶん死なない。今のこの余命《よみょう》80歳、90歳（１００歳は、あんまりだ）の時代に。

②契約の転換。この「10年ごとの定期になっている保険」という定期特約を誘引《ゆういん》、

理由にして「契約の転換をお勧《すす》めします。お客様の今のライフスタイルに合った、もっと保障を厚くした内容に見直しましょう」と。これで、何とそれまでの契約の中身をチャラにする。これまでの契約を消してしまう。それまでに積み立ててあった分が、ほとんど消える。

この「転換」の度《たび》ごとに、生保のおばさん（代理店）と本社で、おそらく50万円ぐらいずつ、合計100万円を、私が営々《えいえい》と払い続けた資金から抜《ぬ》く。これを自分たちで山分けする。だから私が25年間払い続けた保険の中身は、3回やった「転換」でダシガラのようにボロボロだ。もうほとんど何も残っていない。返戻《へんれい》金はゼロだ。配当金はたったの1万7000円だ、この25年間で。

①「主契約（終身）」がほとんどなし。②「定期特約」＝掛け捨て、と「転《てん》換《かん》」で、積み立て部分を取り崩して、ほとんど残らないようにしてある。この①

と②の2つの大きなダマシに輪をかけて、ハッと気づいて、騒ぎ出した私のような客に対しては③「契約書に、お客様の印鑑がしっかりとついて有ります」と言う。契約当初《とうしょ》の契約内容のとおりです。つまり、もう、あれこれ文句を言っても、ジタバタしても、お前の負けだよ、オレたちはプロだぜ、という慇懃無礼《いんぎんぶれい》の威圧的態度だ。裁判をやっても会社側は何十人も弁護士がついているから、勝てないよ、こっち（会社側）の勝ちだ、という居直りだ。

だが、最近は、この生保各社のヒドいやり口に対して真実に気づいて文句を言い出して、裁判所に訴える（訴訟をする人）が増えている。①に対しても、「どうして、こんな少ない主《しゅ》契約=終身部分なのですか。営業の人は、終身を多くすることはできない、と言った」と争い始めた人たちがいる。がんばれ。これらの事例は後述する。

県民共済、都民共済はえらい。ものすごく良心的だ。毎月の保険支払い料が安い。埼玉県の掛け金の客への還元率は97%だ

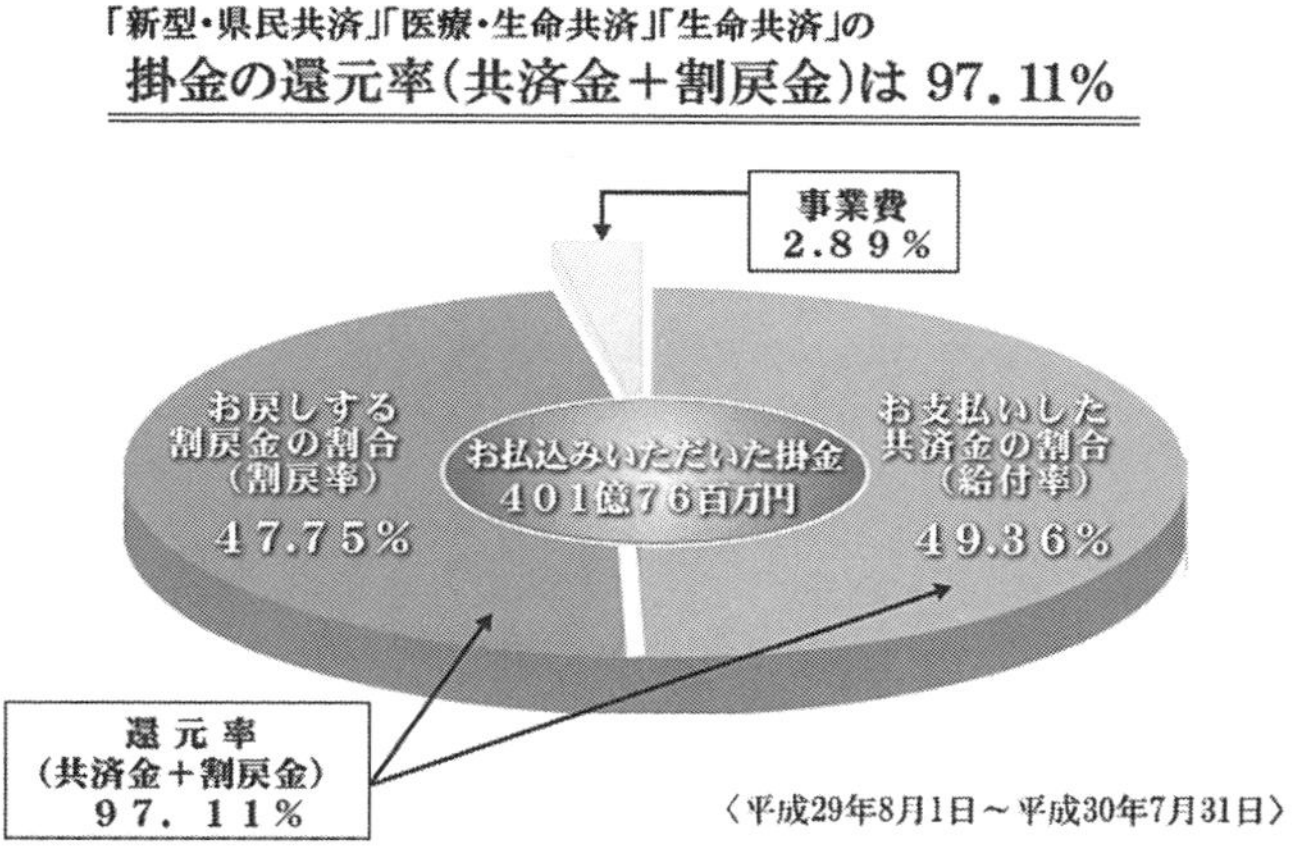

出典：埼玉県民共済
https://www.saitama-kyosai.or.jp/about_kyosai/disclosure/index.html

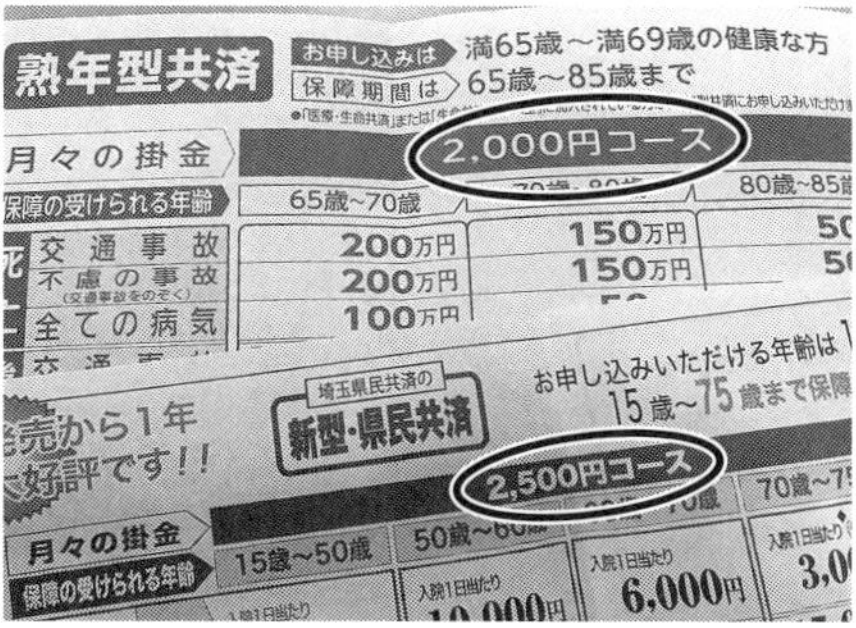

ところが、なぜか、生活評論家も、週刊誌も、県民共済をホメない。何か理由がある。

写真：著者

金融評論家の私が、足元の騙しに気づかなかった

私は、これでも金融評論家だ。この私が、みっともないことに、こんな自分の生活の足元《あしもと》のバカみたいな基本の基本、のところで、つまずいて失敗していた。恥ずかしい。気づかないうちにハメられていた。

生保側《がわ》の実情は、この10年でどこも赤字経営に転落しそうでろくな業界ではなくなっている。27年前（１９９２年）までの豊かな高度成長の日本ではなくなっている。長く続く不況（デフレ経済）で、銀行、証券と並ぶ金融業の一角である生保業界も追いつめられている。株価がもう27年間低迷し（当時日経平均４万円近くまでいった。今は何とか２万円だ）、それと〝最大のビル持ち業界〟である生保各社が所有する全国の商業ビルの家賃の賃料《レント》収入が打撃を与えている。それでも新築の高層ビルは、まだまだ生保が買っている。騙された私の金《かね》も、あの真新しいビルの購入代に注《そそ》ぎ込まれた（Ｐ１３３に写真あり）と思うとハラが立つ。

今や国民を喰いものにして、そのことを彼らは十分に知っていて歪《ゆが》んだ顔のまま、立派な大企業でございます、という顔をしている。経営の実態はどこも火《ひ》の車《くるま》で、何とか黒字決算にするために、全国の地方の商業ビルをコソコソと売却している。本当は、みっともない業界なのだ。

なぜ保険会社に都合のいい情報ばかり溢れているのか

長年、信頼して「きっといいことがあるだろう」で契約し続けた客たち（特に富裕層）を、こんなにダマして、それでこのまま済むと思っているのか。私は、生保業界への批判の急先鋒になると堅く決めた。「被害者友の会」でも作るぞ。私は、後述する、橋田壽賀子《すがこ》さんたち、上品なオバさまたちのように、「あら、生命保険って、ちっともいいことはないのね。長いこと掛けたのに、もうやめにしたわ」と言うほど甘くはない。泣き寝入りはしない。私は今から反撃に出る。

だが、相手は細かい字でびっしり書かれた契約書（これを、約款《やっかん》と言う）を持っているから、裁判になれば何とでもして自分たちが勝つ、と高《たか》をくっている。裁判によってではない。実社会からの批判、国民からの審判が下《くだ》るだろう。今の生保業界が、考えを変えて反省しないと、自分たちが正体を現した、下卑《げび》たユダヤ金融業者の歴史的なひそみに倣《なら》っているのだと覚悟せよ。

そして、何故この生保のヒドい騙しの契約内容のことで、生活評論家や、家計の専門の助言者のファイナンシャル・プランナー（FP）たちは、本当のことを言わないで（書かないで）、ここまで来たのか。私は不思議だ。何か金融業界に逆らえない理由でもあるのか。

世の中の争いごとや、有名人や、政治家たちの恥部を暴《あば》くことをあんなに真剣にやる週刊誌やテレビが、この私たちの足元である生命保険会社のやり口のことを何故か取り上げない。きっと何かの圧力があるのだ。ただし高級《ハイクオリティ》な金融経済

ファイナンシャル・プランナーという職業は、普通の国民に本当に必要な金融知識を教えてくれているのだろうか?

写真イメージ:iStock/sabthai

生活評論家の皆さんを含めて、FP《エフピー》(ファイナンシャル・プランナー)という政府公認の資格を貰っている助言者(アドヴァイザー)たちは、少しは本気のことを教えるべきだ。今のあなたたちは生保業界寄り過ぎる。

週刊誌である「東洋経済」誌と「ダイヤモンド」誌がP13に載せたとおり「保険に騙されるな」「もう騙されない保険選び」という表紙だけは激しい真実の特集記事を組んだりする。だがその中身は、どうしても生保の業界人たちによる記事と評論文だから、いい加減な寸止《すんど》め記事ばかりだ。本当の本当の大きなダマシのことを誰も書かない。私は不愉快きわまりない。ひとりで憮然《ぶぜん》として、この実情と対決している。

「保険とはそういうものなんだ」という世間の反論にも私は反論する

序章の最後に書いておくべきことがある。それは、「そんなこと言ったって、生命保険というのは、本来そういうものだよ。死んだら大金（保険金《きん》）が入る仕組みなんだから。それを了解して入ったんだから」「それに対して、長いこと掛けたのに何も戻って来ない、と文句を言うおまえがおかしい」、という反論である。

　これが、冷酷な世の中からの反論のコトバだろう。世の中は、どこの業界も凍りつくほどの、厳しいやり取り、駆け引きの世界だ。30歳を越して実社会《じつ》で訓練を受ければ分かることだ。私が、3回話し合い（抗議と苦情の質問）をした保険会社のお客様係（苦情処理の係で、ツラの皮にしょんべんのプロたちだ）の社員たちは、最後に、ペロリと「リスクが有りますから」という言い方をした。つまり、生保業（会社側）にしてみれば、「契約して、さっさと死なれて大金を払わされるのは、こっちですから」ということだ。私が「つまり生保は金融バクチの一種だ、ということだね」と聞いたら、相手は何も答えない。ギリギリ、「リスクを（当社は）引き受けていますので」までだ。

　だが、長期契約者を大切にしないで、①「終身部分（＝主契約）を極小《ごくしょう》にする」と、②「転換（見直し）」と定期特約で、客の積み立て分をどんどん掘り崩して、自分たちで山分け（その度《たび》ごとの利益出し）をしておいて。よくも「契約のはじめ（最初で）、副島さまは「全期《ぜんき》型《がた》」にお入りになるべきだったのです」と言いやがった。そんな「全期型」と「定期型」の違いなど、25年前（私は41歳だった）に知るか。知りもしないものを、あとから、ヘラヘラと言う。そういう逃げ道（自己正当化。責任逃れ）の手口もこいつらは作っている。「十分に考慮、検討をなさってから、いろいろ有るのだ、と分かった上で契約なさるべきだったのです」と言った。何を言うか。お前たちのタチの悪さは、もう満天下に露見《ろけん》しているのだ。何というダマシの集団だ。

保険会社の社員のひとりで、まだ善良な方のYが言った。「私も自社の2億円、3億円の保険に30代、40代のときは入っていまして。給料から毎月20万円とか天引きされていて、きつかったです。でも子どもも大きくなったので、5年前に止めました」と言った。

毎月のやりくりだって大変だ。保険料の見直しでは、その不安心理をいいように利用されてしまう

写真イメージ：PIXTA

今はもう、「生命保険は葬式代とマンション墓地代にする」時代だ。戻ってくるお金がなるべく多いほうがいいに決まっている。

生保は、こんなにまでして契約を取る自分の社員までもダマすのだ。そうやって社員の営業成績の一部にするのだろう。さらには、「でも20年前には、一時払い養老保険で、500万円が2つあって、これで儲かりました」と言った。この他に、「今でしたら、副島さまの毎月5万6000円の掛け金の3分の1で、同じ5000万円の保険を外資系だったら、売っていますよ」と気軽に言った。

私は、アメリカン・ファミリー《アフラック》やその他のアメリカ系がヒドいと聞いて知っている。ガン保険ばっかり売って荒っぽいことをして、「いざとなったら払ってくれない」で老人たちをたくさん怒らせた。まだ、ヨーロッパ系の生保、損保（チューリッヒやアクサ）は少しはマシらしい。

だが、これら外資系も日本国内基準で日本の生保と同じような感じでやっているから、私は別に外資をホメない。彼らにもう騙されない。ただ、日本の生保が客を喰いものにしてきた、この30年間は、ちょっとヒドいと思う。いくら、金融業種が〝リーマン・ショック（2008年9月）〟から10年でさらに厳しい、と言っても、客（契約者）の本来の取り分に手をつけて、ここからゴッソリ抜いている現状は許せない。厳重に抗議する。

誰かが本気になって、腹をくくって、このことを言わないといけないのだ。という一念で、私はこの本を書いた。

第1章 私は生保にひどい目に遭った

生命保険はひどい

生命保険に入っている人は多い。生命保険が今、どんなにひどい制度になっているか。彼らは20年前ぐらいから金融商品です、と言いだした。自分たちの生保《せいほ》業界（金融業界の一部）が儲けるために金融商品を売っているのであって、国民の生活を守るためにあるのではない、と、露骨になってきた。もう昔とは違う。彼らはついには客（契約者）騙しの詐欺師集団に転落しつつある。私は今回、自分で体験してつくづく身をもってわかった。この本の序章で、自分がひどい目に遭《あ》っていることに気づいたと書いた。

ここで、その会社は日本生命だとはっきり書く。私は41歳のときに入っている。証拠として、契約書とかをたくさん載せる。私は騙された自分の恥を晒《さら》して、生保業界（今は銀行も子会社を使って参入している）と闘う。誰かが真っ裸になっ

銀行経由の生命保険に関する苦情だけで、国民生活センターに届いているのは毎年600件くらい

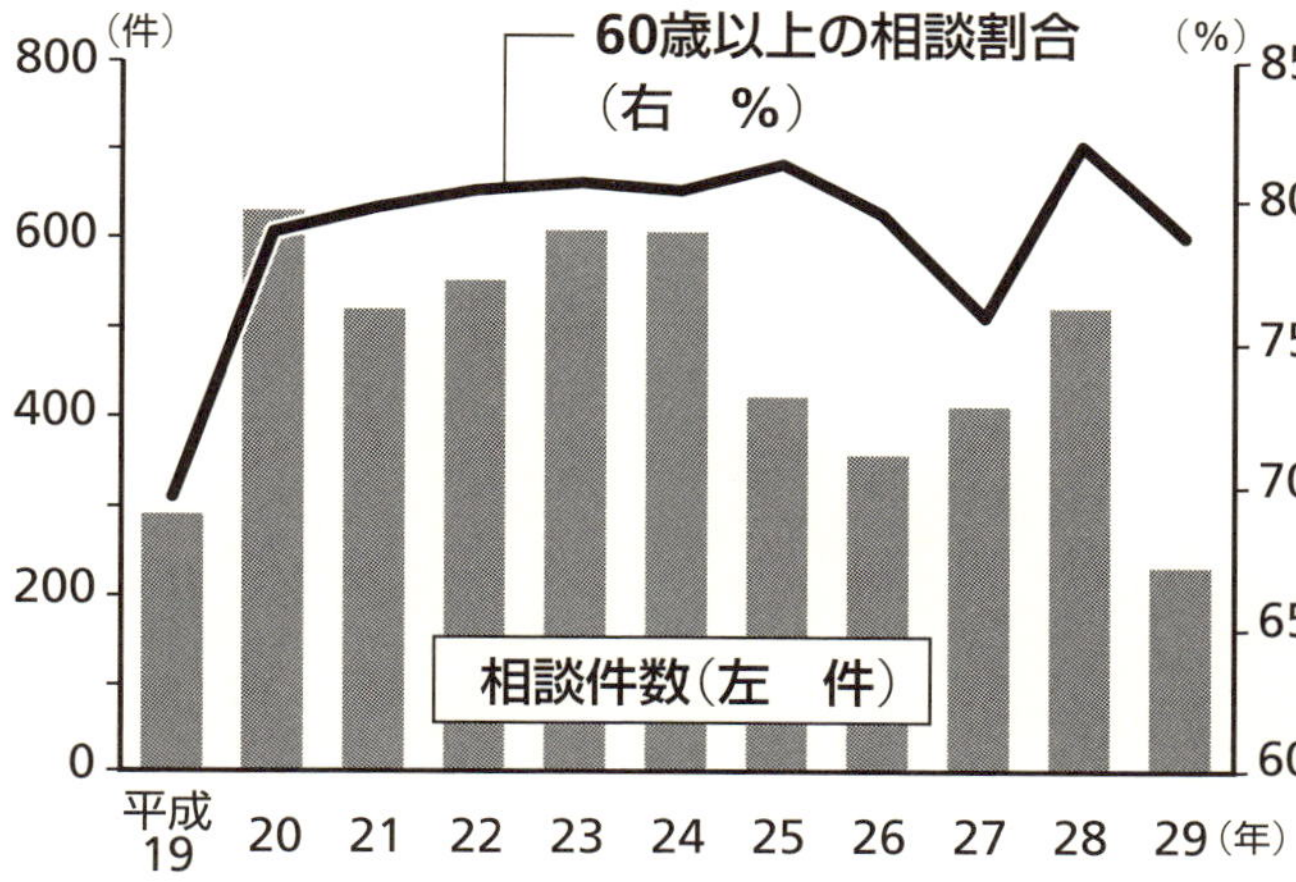

出典：2018年1月19日産経新聞「「元本減った」高齢者トラブル絶えず 銀行窓口販売の「外貨建て保険」／国民生活センター

以前は「国民消費生活センター」だったが、今は「消費」が取れた（外《はず》れた）。この役所は国民が消費生活で受けた被害、損害を訴える場所として、今も貴重な役割を果たしている。決して被害の救済をしてくれる機関ではない。それでも業者に電話ぐらいはしてくれる。

て闘わないと、この業界はすでに腐っているから立ち直らない。

私は結婚が遅かったから、子供は40歳で生まれた。子供が小さいからということで、生命保険に入って、自分が働けなくなったとき、奥さん、子供の生活を守るのが当たり前だと思った。そのころ、ちょうどやってきた生命保険のおばさんと契約した。ニッセイのおばさんだ。日生に7万人いると、説明に来たニッセイの男たちが言った。本社社員は4万人と言っていた。

生命保険は今はひどい商売だと、ようやくわかった。私は、自分が金融や経済の本も書いているから、お金の世界的な動きの問題の専門家なのだと、これまで威張っていた。ところが自分の足元の本当の生活次元のお金のことになると、何も知らなかった。私は生活の知恵が、ない、というか現実感覚がない、ということが今回よーくわかった。一言で言うとバカだった。実生活次元《じっせいかつ》の知恵がないんだ。アホなんだ。世の中をちょっと注意深く生きている人たちが、実社会《じっ》の荒波の中で身につけて持っている知恵がなかった。

ああバカだった。エンエンエンと泣きたくなるよ、全く。こんなやつらと交渉(話し合い)をしても、どうせ勝てないのだ。こいつらはすでに十分にワルなのだ。客(契約者)を喰いものにしていることを十分自覚している連中だ。「へへへ、どうせオレたちプロの業界人の勝ちだよ。お前らなんかどうせ生命保険の素人《トーシロー》だ。今ごろ気づいてももう遅いよ」という顔をして、「お客様苦情係」の連中は私に対応した。それでも表面上は、柔らかく、すっトボケながら、親切そうなふりだけは延々と続ける。

私は、庶民というほど貧乏ではない。本をたくさん出版してもの書き(文筆業)、評論業でご飯を食べてきた。それでも生活の知恵がなかった。この齢になって、生命保険(制度)にまで騙《だま》されるとは思ってもいなかった。ああ、たった一人の知人で、この業界の醜態、恥部、暗部を知っている人の助言を、受けていればよかった。何という甘《あま》ちゃんだったことか。

68歳で切り替えで、保険料を月16万円払えと保険会社が言い出した

私は毎月5万6000円を25年間払い続けている。今もだ。そして逃げるに逃げられなくなっている。ということは、これまで1400万円ぐらい払ったらしい。5000万円の保障契約だ。

私は65歳だ。老人一年生（という本も書いた）だから、生命保険の満期がきたと思って慌てた。奥さんに聞いたら、満期は68歳だった。

そうしたら、保険会社は「契約を切り替えろ、更新しろ」と言ってきている、と。これをやると何と、毎月の払いが16万円の払いになるという。バカ！　そんな金額を払えるわけないじゃないか！　と急に何かハッと気づいた。ニッセイに電話をして、担当のおばさんより、もうちょっと上の責任者の人を出してほしい、

10年見直し、10年見直し、で、保険料（毎月の払込料）が勝手に上がる。払えない、となったら、保険金の受け取り額をグンと下げなければならない

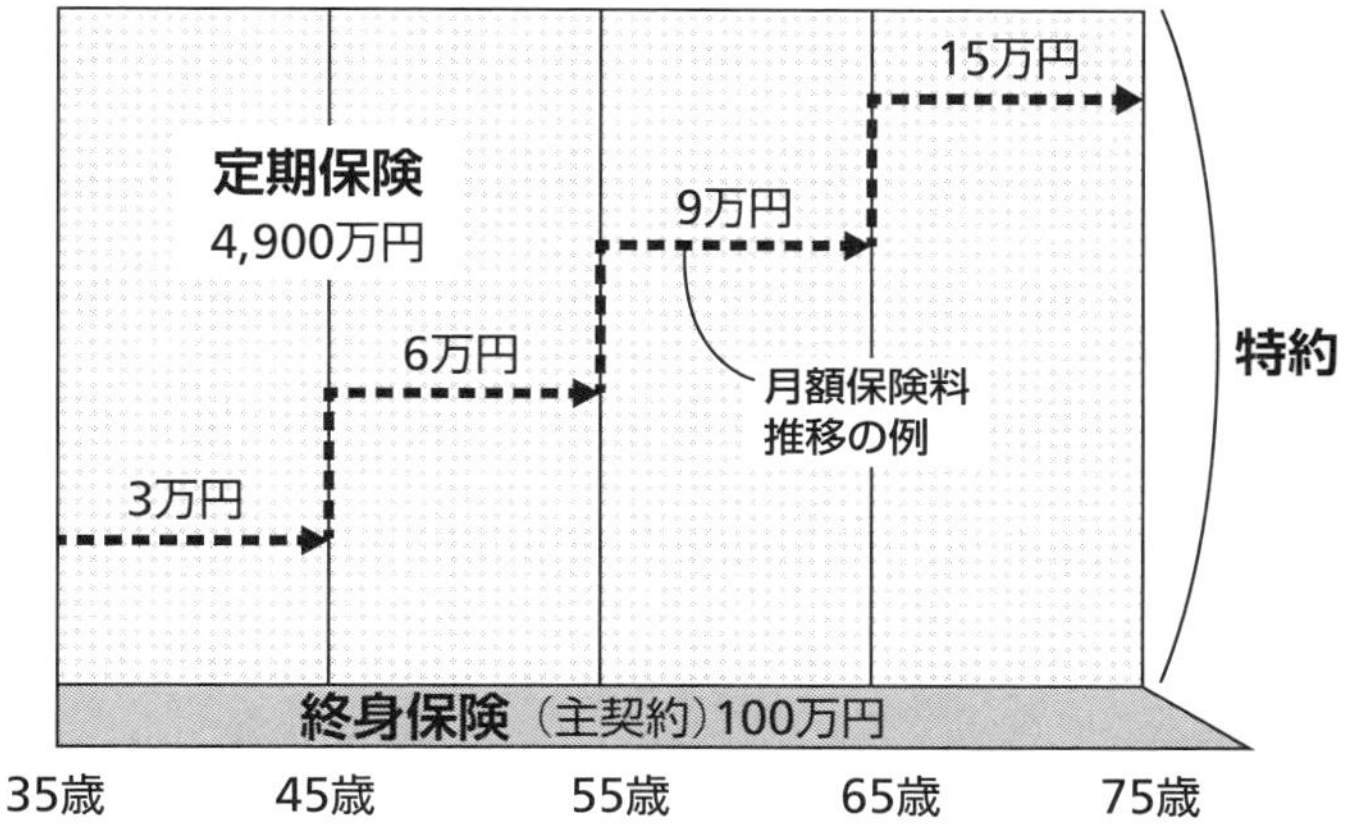

参考：各保険会社パンフレット

巧妙な図だ。ここに騙《だま》しの正体がある。「定期保険特約」と称して客を初めから追い込むのだ。

しかも、定期保険は掛け捨てだ。終身保険だけが貯蓄性がある。しかしその割合はきわめて低く抑えられている。保険会社が払いたくないからだ。

と話し合いを始めた。

そうしたら、東京の本社とは言わず、「何とかエージェンシー」という名のニッセイの子会社の部長みたいなのが2人出てきた。4回、会った。まだこれからも会う。もう逃がさないぞ。私は自分がもう逃げられないのだ、と気づいた。腹を立てて「これで契約を打ち切る（解約する）」と言ったら私の負けだ。彼らが「契約プラン」というのを持ってきた。それを見ていたら、「5000万円の保障」で、終身保険《しゅうしんほけん》というのが、たった100万円だ。

私は80歳で満期になるが、下りるのが100万円。たった100万円だ。いま解約したら、80万円をもらえる（日生が支払う）と言っていた。あとはパーだ。もう一円も返って来ない。これまで1400万円も払ったのに。

私がこう言ったら、保険会社は、「その間の保障がありました」と言う。その間にあなたが死んでいれば、5000万円支払われたわけですから、という理屈だ。この保険という制度は、元々、ヨーロッパでユダヤ人がつくった制度だ。貿易船が、ハリケーンで難破するか、海賊《パイレイツ》にやられるか、スペイン帝国に拿捕《だほ》されるか。これらのときに払われる保険契約として始まったのだ。客（契約者）からお金だけいっぱいとっておいて、「ずっと保障してきました」「契約が、そのように成り立ってます」と言う。

　私がびっくりしたのは、「たった100万円の終身保険」、これを「主保険《しゅほけん》」と言う、と初めて知った。主なる保険。「本《ほん》保険」とも言うそうだ。このことを知ってびっくりした。それがたったの100万円だ。私はバカではない（日本有数《ゆうすう》の知識人《インテレクチュアル》だぞ）から、この瞬間に、ハッと真実を見抜いた。ああ、これがセイホがダマシだ、と香港人や欧米人が言うのだ、と気づいた。私は、この終身保険＝本《ほん》保険？の部分を大きくしておくべきだったのだ。これが私が騙《だま》された最大の点だ。私はバカだった。私の終身保険（の部分）は5000万円の掛け金のほんの一部分の、たった100万円だったのだ。

「じゃあ、5000万円のうちの残りの4900万円は何と言うのか？」と聞いたら、「定期保険《ていきほけん》です」だって。「何だそれは？　定期預金か？」と聞いたら「いや、定期保険です」とくり返す。残りの4900万円が定期保険部分だというのだ。ああ、やられた、とこのとき私は勘《かん》で気づいた。

定期保険とは、何のことか、と聞いたら特別な掛け金を払う保険だという。私は、以後、この本全体で、徹底的にこの「定期保険」という騙《だま》しの手口について、ずっと暴《あば》き立てるように説明してゆく。

他に見舞金《みまいきん》という言葉がある。保険会社は使わないコトバだが、私は半年前に、病院の泌尿器科《ひにょうき》に入院して前立腺肥大《ぜんりつせんひだい》の削り取り手術をした。それで病院の手術と入院費を、ニッセイが1日1万円くれた。10日入院した。手術代の保障というのか、これが20万円で、合計42万円もらった。25年間で私の「疾病《しっぺい》特約」が役に

各社いろいろな商品の名称はあるが、生命保険の種類は次の3つだ

○**死亡時の保険** —— 終身保険、定期保険(これがダマシ)など、残された家族のためにと称する。

○**生存中の保険** —— 医療保険、子供保険、個人年金保険、貯蓄型の保険…など、生存中の自分と家族のため。年金型ならダマシが少ない。

○**長生き対応の保険** —— 養老《ようろう》保険、疾病《しっぺい》(病気のこと)特約、介護保険…など。老後の自分と家族のため。

写真イメージ:PIXTA

立ったのは、これだけだ。箇保《かんぽ》の方からは、20万円ぐらいだった。

この手術のあとの書類作りの手続きをしているときに、ハッと気づいた。どうも生命保険というのは、おかしい、立派そうにしているくせにどうもケチくさいやつらだ、と。疑いの気持ちが、私の脳の中に湧き起こった。だから手術が終わって退院してから本気で彼らと話し合った。

1400万円払い続けて、戻るのは100万円。ぼったくりじゃないか

私がニッセイに25年、保険料を払い続けて、これまでに返ってきた分はそれだけだ。私はずっと放ったらかしにしたまま、何も考えずに奥さんに任《まか》せきりにした。毎月5万6000円を25年間払い続けた。この間《かん》に、変動（契約の転換）があって、7万円のときと4万円のときがあったことを、あとで知った。バカだった。ハッと気づいたら、もう遅かった。人生の知恵がなかった。騙された。よう

やく、この歳になってわかったのは、「ああ、保険というのは放ったらかしにしちゃいけなかったのだ」だ。普通、ちょっと賢い人は、定期保険（何じゃそれは）の部分ではなくて、終身《しゅうしん》保険の部分を５００万円にしている。私もそうしておくべきだったのだ。この終身保険の５００万円は、死んだときに、必ず貰《もら》える。65歳で毎月の掛け金の払いを止《と》め（支払い契約を終了する）ても、死んだときにこの５００万円だけは払われる。それ以外の分はいわゆる掛け捨てだ。どうも私は68歳で死にそうもない。

それならそれで、保険会社は、掛《か》け捨《す》てなら掛け捨てです、と最初から言え、と私は怒鳴った。この25年間で、１４００万円も払い続けて、配当金《はいとうきん》とか、お礼金なんか、１回ももらったことがない。前述した手術・入院費の42万円、一回キリだ。25年前（１９９４年）は、日本はまだバブル景気の余波が続いていたから、生命保険にも配当金とか、お祝い金のようなものがあった。たしか、保険会社の経営全体でも年率7%ぐらいの利益を出す好決算の時代だった。日本人は当時、みんな欲ボケていた。東京の一等地の街路には高級外車《がいしゃ》が溢《あふ》れて、株も不動産(狂乱地価と言った)もウハウハで大《だい》景気だった。それが今はもう全くない。日本はこの25年で本当に貧しくなった。そして金融業の一角である生保業界の客ダマシ、客イジメも始まった。自分たちが生き残るために客の取り分(積み立て分)に手をつけているのだ。

保険会社の経営は、もうどこも大変だ。生保の社員たちが給料をもらって食べてゆくためだけの会社になってしまった。世の中(国民)のための会社ではもうなくなった。もう廃業して消えてなくなれ、と私は言う。

「返し戻し金」と書いて「返戻金《へんれいきん》」だそうだ

私はもうこの保険契約を解除したい、がどうしたらいいんだと解約の話を出したら、「返戻金《へんれいきん》があります」と保険会社の社員は言った。「解約返《かえ》し戻《もど》し金《きん》」と書いて「返戻金《へんれいきん》」だと。「戻」で「れい」と読むのだそうだ。知らなかったよ、そんなの。「返戻《へんれい》」といったら私は「返礼《へんれい》」で、てっきり、お礼《れい》のお金のことだと思うじゃないか。

だから、解約したら、きっとさっきの終身保険の100万円の分が80万円とかに減額されて戻って来る。これだけが私に支払われる。他には何も戻ってこない。いま65歳で25年間も掛け続けて解約したら、たったの80万円だ。これしかない。あとはパーだ。

そんなの、当たり前でしょ、と言う人たちがいるだろう。知らなかったあなたが悪い、と。生命保険というのは、そういうものなのだ、と。だけど、ひどい話だ。どうもヒドすぎる。客（契約者）のことを何にも考えていない。生保《セイホ》というのは、何という強欲《ごうよく》の集団だろう。一体、何のために存在して来た金融業なのか。

客から集めた資金を上手に運用してプロの金融業界として客に「返礼」すべきではないのか。ところがそうではなかった。生命保険会社がやっていることは詐欺《さぎ》だ。ぼったくりだ。

保険の中には、良心的な「ほとんどが積み立て式の保険」すなわち終身保険が大部分である保険もある。要するに、こっちが保護が厚い。その代わり、全体の保険金額は1000万円ぐらいだ。しかしこの積み立て式、すなわち終身保険の部分が、ほぼ1000万円近くもらえるものがある。現にある。満期になっても死なずに80歳を越しても、ほぼ戻ってくる。これに入るべきなのだ。

現に私は、最近、三井住友生命の、この500万円の「低解約返戻金型《ていかいやくへんれいきんがた》 無配《むはい》当特別終身保険《とうとくべつしゅうしんほけん》」に入った。10年間で満期で払った金の91%が戻ってくる。死んだらたったの500万円だが、それでいい。今はもう、「生命保険は葬式代とマンション墓地代にする」時代だ。

賢い人は、終身保険の部分が500万円ぐらいあって、55歳で掛け金を支払い終了にしても500万円だけは、死んだときに確実にもらえるものにしている。だから「終身もらえる保険金」なのだ。私はまんまと騙されて、たったの100万円にさせられたのだ。主《しゅ》保険を。まったく笑い話だ。これが日本の生保業界がやっている、心底、悪質な手口だ。生保レディと、それを後ろから引いている生保そのものによって。

賢い人は契約終了でそのあと、何歳になっても500万円は下りる。そのためにも掛け金を払い続けたのだから。500万円でありがたい。それまでにこの賢い人が払った掛け金の合計が600万円だったとしても、その8割強の500万円が戻ってくるのだから。これが本来の、本当の生命保険というものだ。それを、何だ。客を喰いものにして、「主保険100万円」とは。

いまはデフレ（不況）の時代だ。長年払い込んだ金額のうち、終身保険で50

0万円も戻って来るのだからありがたい。500万円の価値は大きい。ところが、私は死んでも1000万円（にもならない）だ。何ということか。バカヤロー。カネ返せ。

こんな長生き時代になるとは誰も思っていなかった

今、私が思い返してみて今から30年前は、生命保険金が5000万円とか1億円のものに入るのは当たり前の時代だった。バブルの時代だったのだ。日本人は浮かれ騒いでいた。だが、貧しい人（国民の大半はそうだ）はいつも貧しかった。バブル真っ盛りでも食べて生きてゆくのがやっとだった。

私もあの頃、3700万円の住宅ローン（金利年率7％）を背負って6000万円の小さな家をようやく買えた。今はそれが2000万円もしない（上物《うわもの》＝建物が減価償却《げんかしょうきゃく》 depreciation《デプリシエイション》 してほとんどタダになるから）。

だが当時は5000万円とかの高額の保険金は当たり前だった。かつ、あの時代は人間は70歳ぐらいで死ぬものだと、みんな思っていた。よくて80歳だ。私の保険も80歳が満期だ。うちの奥さんも、そう思っていた。私が70歳ぐらいで死ねば自分の余生のために（女性の方が長生きする）5000万円が入る、しめしめ、と思っていた。

実は、私はもう1本、10年前に、三井住友銀行の子会社の生保の保険にも入っていた。こっちは、私はどうも騙された、と気づいてさっと解約した。1円も戻って来なかった。1円もだ。毎月5万円の掛け金で、8年おさめたから、年間60万円×8年＝480万円だ。これもパーだった。完全に掛け捨てだったのだ。

問題は、日本生命《ニッセイ》の方だ。日本生命の社員が私に言った。私の場合、3年後の契約転換のとき、掛け金がものすごく変わってくる。「一年で1万円ずつ変わる」とか言っていた。統計学《とうけいがく》上、男は75歳、76歳、77歳、78歳の辺りで一番、死ぬようだ。やはり75〜80歳の間で多くの人が死ぬのだと分かった。

75歳以降も生きていたら、掛け金が「3倍になる」と、日本生命ははっきり言った。だからそれが前述した毎月の掛け金が16万3000円になる、である。「そんな高いお金を、毎月払える人がいるのか？」と聞いたら「いや、いません」だと。「何と失礼な人たちだ。この16万3000円というのはニッセイが勝手に3倍になりますと決めたんじゃないか」と私は怒った。ははあ、こいつらは、どうせ払えないだろう、と分かった上で、わざとこんな高い金額をご提案（だと）して来るのだ。払えなければ、解約（契約終了）になるから、これでウルサいこの客とはオサラバだ。こっち（ニッセイ）の丸儲け、だ、と。

だから私は、このあとは「なぜ毎月の払いの5万6000円が、更新（＝転換）したら3倍の16万3000円になるのか。この数字の根拠を示しなさい」と彼らに言い続けることになる。ここが主《しゅ》戦場だ。向こうはのらりくらりと逃げ続ける。今、現在もそうだ。

「死なない限りは1円も払いません。契約ですから」だと。本当に悪いやつらだ。「それは当たり前でしょ、生命保険とはそういうものだ」と言う人々がいると思う。だけれども。掛け金が75歳頃から、急に3倍になる、というのは、何という

ことだ。保険会社が勝手に始めた制度だ。

多くの人が80歳、90歳、100歳まで生きるようになったということを、生命保険会社は30年前は前提にしていなかった。30年前は考えていなかったのだ。それでも80歳以上まで生きてしまう人には、保険金はどうせ渡らない（払わない）という、ワルの制度自体は昔から有る。掛け捨てでパーにさせられるのだ。そして、実に多くの人が、死ななくて、この一円も貰えない、になってしまった。これが現実だ。「なんだ、掛《か》け損《ぞん》なのね。がっかりだわ」の怒りの声が、もう泣き寝入りではすまなくなりつつある。この国民の怒りは、もうすぐ巨大な怨嗟《えんさ》の声

になるだろう。

保険会社は５０００万円とか1億円を高齢者（80歳から上）に払うのがイヤになった。それで、急に毎月払う掛け金を3倍にした。3倍にした（なった）根拠を私が何度聞いても、保険会社のお客様係の連中は答えられなかった。答えようとしなかった。

「こういう長生きの時代になることを、あなたたちは考えていなかったのか」と私が言っても、うんともすんとも言わない。「高額の死亡保険金を払いたくないからだろう」と聞いても答えない。

保険会社の肩を持つ人々は、「お前のほうが知恵がなかったんだ。慎重に契約内容を調べるべきだったんだ。契約したんだから守れ」と言うだろう。このことで裁判に訴えて、争われている事例は現にたくさんある。「御社《おんしゃ》（日生）は現在どれぐらい訴訟《そしょう》（裁判）を抱えているのか」と私は聞いたが全く答えようとしない。都合が悪いことなのだ。「今ごろだまされた、と言ってももう遅いですよ」、「生命保険とはそういうものですよ」という態度だ。

生命保険の保険料のうち6割は、社員の経費に消えている

日本の場合、大きく全体で生命保険の掛け金の4割ぐらいしか客に戻っていない。保険に入っている被保険者に対してあまり払い戻ししていない。若くして(50代までに)死ぬ人が、ほとんどいない国なのだ、ということが、あとで分かった。「100人に1人ですかね。若くして(病気や交通事故で)死ぬ人は」と、ペロリとニッセイの社員がしゃべった。契約者の100人にひとりしか保険金を(家族が)受け取っていないのだ。あら、あら。だから日本の生保はボロ儲けだ。なーんだ、こういうことだったのか。だから客からの収入(掛け金。保険料)の6割は社員の給料と一般管理費《いっぱんかんりひ》に消えている。それと税金だ。保険料を払った人

には、4割ぐらいしか戻ってこない。だから残ったカネで立派な高層ビルを買うのだ。賃貸《ちんが》し（レント）収入にする。

つまり、保険というもの自体が今や完全にサギで、保険会社は社員を食べさせるために保険会社をやっている。明治の昔は、相互《そうご》会社とか互助《ごじょ》組織から始まった仕組みなのだ。「そんなこと、当たり前でしょ」と彼らは言って居直る。株式会社なのだから、と。ところが今も看板だけは相互会社のままのところがある。客からボッているのだ。

プロの金融業者なのだから、集めた資金を運用して、そこから利益を出して、それを客（契約者）に還元する、という考え方をするべきだ。だが今はもうしなくなった。客から集めたカネで自分たち社員と契約社員（代理店、営業職）の経費として大部分を使ってしまっている。集めた金の8割ぐらいを客に戻すべきだ、という考え方をもうまったくしていない。「県民共済」はこれをやっている（P

29、P147)。立派だ。

金融庁と財務省が、生命保険会社を守っている、ということもある。大きな銀行、大きな証券会社、大きな生保、損保のことを、機関投資家(institutional investors インスティチューショナル・インヴェスターズ)という。彼らは国家(政府)という客から預かったお金も運用している。だから(政府)機関の投資家なのだ。こうなると保険会社を政府が大事にして守ろうとする。国民のことなんか二の次、三の次だ。

実は、これらのセイホが集めた日本国民の金を、アメリカさまに貢いでいる。1985年9月22日のプラザ合意のときにこのことがバレた。あの1985年に30兆円ぐらい、日本の生命保険会社が損をして泣いた。

あの「プラザ合意」のとき、政治家の竹下登《たけしたのぼる》が大蔵大臣で、ニューヨークのプラザホテルに呼びつけられて、アメリカ政府からの命令と強制で、日本は大損をさせられた。国民は知らない。気づかないままに。1ドル＝240円だった為替が、2年後にはドーンと1ドル＝120円になった。あのときニューヨークで、ドル建てで運用していた日本の各種の資金は、一気に半分の価値にさせられたということだ。

このとき生命保険会社の客たちが損をさせられた。この仕組みがばれないように機関投資家（御用《ごよう》商人）としての生保各社が損害をかぶって、アメリカに資金を貢いだ。アメリカはあのときソビエトとの核兵器増強競争でヘトヘトだった。そしてその6年後にソビエト崩壊を始めてアメリカの勝ち、となった（1991年）。あのとき経営が悪化しても、政府が保険会社がつぶれないようにした。同じようなことを、もうこれまでに何回か、やっている。

日本政府すなわち自民党は、このことがよく分かっていて、こういうことを分かった上でする。結局は国民に損をぶっかぶせて、生保や銀行の経営が揺るがな

1997年4月5日に日産生命が破綻したあと、東邦生命（1999年）、第百生命（2000年）、大正生命（2000年）、千代田生命（2000年）、協栄生命（2000年）、東京生命（2001年）、大和《やまと》生命（2008年）と8社が破綻した

更生特例法の適用を申請した協栄生命の記者会見につめかけた報道関係者。
2000年10月20日、日銀本店

写真提供：共同通信社

破綻した会社	破綻年	契約を引き継いでいる会社
日産生命	1997年	プルデンシャル生命
東邦生命	1999年	ジブラルタ生命
第百生命	2000年	マニュライフ生命
大正生命	2000年	PGF（プルデンシャル・ジブラルタ・ファイナンシャル）生命
千代田生命	2000年	ジブラルタ生命
協栄生命	2000年	ジブラルタ生命
東京生命	2001年	T&Dフィナンシャル生命
大和生命	2008年	PGF（プルデンシャル・ジブラルタ・ファイナンシャル）生命

協栄生命は、自衛隊員や教員たちが組織ぐるみで入っていて痛手《いたで》が大きかった。返戻金《へんれいきん》の2割減とかが起きた。

いようにする。国民が損をかぶるのだが、抜け目のない国民は、上手に逃げる。即ち、「生命保険なんかに入る人はバカだ。騙されているんだ」と知っていた人々だ。私にはこの知恵がなかった。バカだった。知識人なのに。エンエンエン、だ。

すでに生保各社には多くの苦情が起きている。たくさんトラブルを起こしている。報告書がいくつも出ている。新聞記事もたくさんある。後掲《こうけい》する。

ファイナンシャル・プランナーもひどい

生命保険は、本当にヒドいのだ。あとの方に私がニッセイに乗り込んでいったときの様子を細かく書くが、今回いろいろとよくわかった。

ファイナンシャル・プランナー（FP《エフピー》と略称する）という国民のお金の動かし方で助言をする人たちが、職業としてある。30年（？）ぐらい前から国家資格にして国が公認している。ところがこのファイナンシャル・プランナーの人たちが、この生保の実態、実情で本当のことを教えてくれない。ファイナンシャル・プランナーたちが、普通の国民の方を向いて仕事をしていない。この件で、FPの人が、私に異議を唱えるなら、その人たちと真剣に話したい。もっと真に迫った内情を私は知りたい。なぜ、あなたたちは今の生保のヒドい実情を放置したのか、と。「役所（金融庁とか）に言ってくれ」と言うだろうが、私はFPにも言いたい。

生保のこういうひどい、ぼったくりの実情を国民に書いて訴える専門家があまりにも少ない。生命保険会社がやっていることを、明瞭に国民に教えて真実を伝えているファイナンシャル・プランナーがいたら、私に教えてほしい。いっしょに闘いたい。

私がここまで書いたことを、賢いサラリーマンや、賢い自営業者たちはとっくに知っていた。自分の友達や兄弟が、生命保険会社に勤めている人たちは真実を知っていた。彼らには本当のことを話して教えていたのだ。「終身《しゅうしん》のほうを大きくしなさいよ」と助言していたのだ。それが私のところまで、何十年も届かなかった。ひどい話だ。

友人の弁護士にこのことを相談した。と言うより、聞いてみた。だが、弁護士は極めて専門的な話はするけど、自分の問題ではないから、本当のことを知らない。そして弁護士は生命保険会社の味方をするために雇われる場合が多い。その方がカネ（収入）になる。こういうケースの場合、庶民の味方をしない。国民の味方をしない。弁護士たちも自分がひどい目に遭ったわけではないから、実感でわからない。

医者たちも同じだ。医者が病気になって入院したら、ただの患者になってしまう。しゅんとしておとなしく担当の医者の言うことを聞く（笑）。人間というの

銀行窓口を通じて販売されている「外貨建て生命保険」という危険な商品が、問題になった

「朝日新聞」2019年1月19日　　写真：著者

外貨建て保険の「2017年度の苦情件数は1888件と、5年前の12年度に比べて3倍超えに膨らんだ」（「日本経済新聞」2019年1月21日、生命保険協会調べ）という。銀行員の〝おすすめ〟説明ばかりで、「リスクの説明が十分でない」という苦情だ。

は、自分のやっているきわめて小さな範囲の専門の知識以外のことは、ほんとうにド素人《しろうと》らしい。病気で入院した医者もただの患者さんになって、担当の医者に言われるがままだ。何ともはや、どこの業界も、お客、素人《しろうと》を食いものにして生きている、ということが、齢を取るにつれて私はわかってきた。世の中は騙《だま》しだらけだ。それが世の中というもので、世の中はホントに恐ろしい危険に満ちている。気をつけよう、注意しよう、アレと思ったら考え直そう、だ。

もう解約すべきなのか……

私はかなり不満感をニッセイに持ったまま、こちらの言い分を聞いてもらうために、東京丸の内の東京駅前にデーンと構えているニッセイへ行く約束をして、そして行った。ここでのやりとりは後ろの方で詳しく書く。

女優の泉ピン子さんは解約したそうだ。「50代で見直すべき」という識者の言葉が載った「女性セブン」誌の記事（2017年11月23日号）だ。泉ピン子さんの先生と言うべきか、脚本家の橋田壽賀子《すがこ》さんとの会話だ。司会は黒柳徹子さんだ。本当は私ももうそうしたほうがいいのかもしれない。いいや、そういうわけにはゆかないゾ。

●「泉ピン子は「終活《しゅうかつ》」で解約！生命保険50代で見直すべきと識者」

黒柳「ご主人がお若いのね」
ピン子「4つ下なんですけど」
橋田「うちのなんて早く死んじゃったわよ」

11月3日放送の『徹子の部屋』（テレビ朝日系）のゲストは泉ピン子（70才）と橋田壽賀子さん（92才）。司会の黒柳徹子（84才）と「終活」の話題に及ぶと、3人は前のめりのトークを繰り広げた。

終活《しゅうかつ》を始めた橋田壽賀子さんにつられピン子も身の回りを整理

橋田さんが88才で終活を始めると、ピン子もつられて身の回りの整理を始め、なんと「橋田（壽賀子）賞」も捨てたと暴露。そして話は「生命保険」へ。

黒柳「生命保険も解約したとかって。なんで？」

ピン子「だって私が死んだお金で（夫が）若い女と一緒になったら、冗談じゃないわ！

丁々発止のやりとりにスタジオは爆笑に包まれたが、そんなピン子の発言に「当たり前だと思って加入していたけど、私も解約した方がいいかも……」という60オーバーの女性の声が多くあがった。

保険料を数十年も無駄払いしている可能性も。50代で見直しを

「生命保険の見直しは70才では遅すぎます」と指摘するのはファイナンシャル・プランナーの中村宏さんだ。

「生命保険は入社や結婚、出産を機に、細かい内容も確認せず加入し、そのままになっている人が多い。そのため数十年、無駄な保険料を払い続けている人も少なくない。保険料を減らし貯蓄に回すために、できれ

ば50代で見直してください」（以下、「」内は中村さん）

ピン子のように子供がいないケースはなおさらだ。ではどう見直せばいいのか。ポイントは次の３つ。

【1】子供が社会人になった後、残すべきは葬儀費用のみ

「子供が小さいうちはまさかに備えて３０００万円以上の定期保険に加入するのもいいですが、子供が社会人になった後《あと》は、死後に残しておくべきは自分の葬儀費用のみでいい。社会人になる前に契約を見直してください」

【2】終身と掛け捨ての定期型一体の保険は、終身のみ残す

とくに見直すべきは「定期《ていき》保険《ほけん》特約《とくやく》付き終身保険」だ。

「1990年代の主力商品で依然契約している人が多いです。だが、貯蓄性の高い終身型と掛け捨ての定期型が一緒になっているため保険料が高い。子供が自立しているならすべて解約するのも手ですが、心配なら終身保険のみ残しておいても損にはなりません」

解約すると損になる保険もあるので要注意。

【3】90年代前半までに契約した終身保険は〝お宝保険〟の可能性あり

「1990年代前半までに契約した終身保険は、契約時の予定利率が高かったため、解約時期を延ばすほど返戻金《へんれいきん》が多い。こうした〝お宝保険〟は解約しない方がお得です」

保険の見直しが必要なのはピン子だけではなさそうだ。なお、ピン子は終活の一環として死に装束まで用意している。

（女性セブン2017年11月23日号　https://kaigo.news-postseven.com/6971　ルビと傍点、引用者）

出典は、週刊「女性セブン」の2017年11月23日号である。この記事は柔《やわ》らかく書かれているが、本当のことが書いてある。共感を覚える人は多いだろう。

第2章 契約内容のおかしさを保険会社に訴えた

私は、2018年7月と、8月、東京駅の丸の内側オアゾビルの隣にある、大きくて立派な日本生命丸の内ビルに、自分の保険契約のおかしさを訴えに行った。ようやく行くことができた。それまで私の相手をしたのは「何とかエージェンシー」という名の支社（か子会社）の人間だけだ。それでことを済ませようとしていた。こういう子会社を間《あいだ》に噛《か》ませて責任が本社にくるのを防ごうとする。どうせニッセイの看板（商標）で売っているセイホ商品なのに。客が裁判所に訴えるときはニッセイ本社に決まっている。

私を丸めこもうとしても、そうはいかない。

まず、3度も転換していた私の保険内容を確認した

副島　Mさん、私の契約は、掛《か》け金《きん》がもうすぐ3倍（月に16万3000円）に跳

東京駅前の立派な日生のビル。私は7月と8月と1月の3回、苦情を言いに行った

写真：著者

私に本社まで来られてイヤだろう。彼らが私の契約内容で本当の金額配分を話さないなら、いつまでも通い続ける覚悟である。

ね上がります。この問題を、私は裁判にするかもしれない。このまま、契約終了ということには、しませんからね。これだけ25年間も掛《か》け金《きん》を払い続けていて、はい、終わりっていうのは、あんまりだ。それがいやなら、これまでの3倍の毎月16万円を払え、とそちらは言う。だから、このあとどういう契約の形になるのか、私には分からない。わざと複雑な仕組みにして、客が混乱するのをあなたたちは分かっていてやっているのだ。実にズルいやり方だ。私はこの契約を続けます。自分の利益を懸命に考えなければいけない。私は自分だけ得をしたいという考えを持っていない。もうちょっと保険会社は、お客のことを考えるべきだという大きな不満がある。

本社のGさん、あなたが説明してくれると言った。事実関係はあなたと確認した。一番古い契約書はどれですか。

M これが一番最初にご契約をいただいた、平成6年（1994年）の申込書で

突然、このひどい「ご提案書」を持って、ニッセイの男たちが初めの話し合いにやってきた

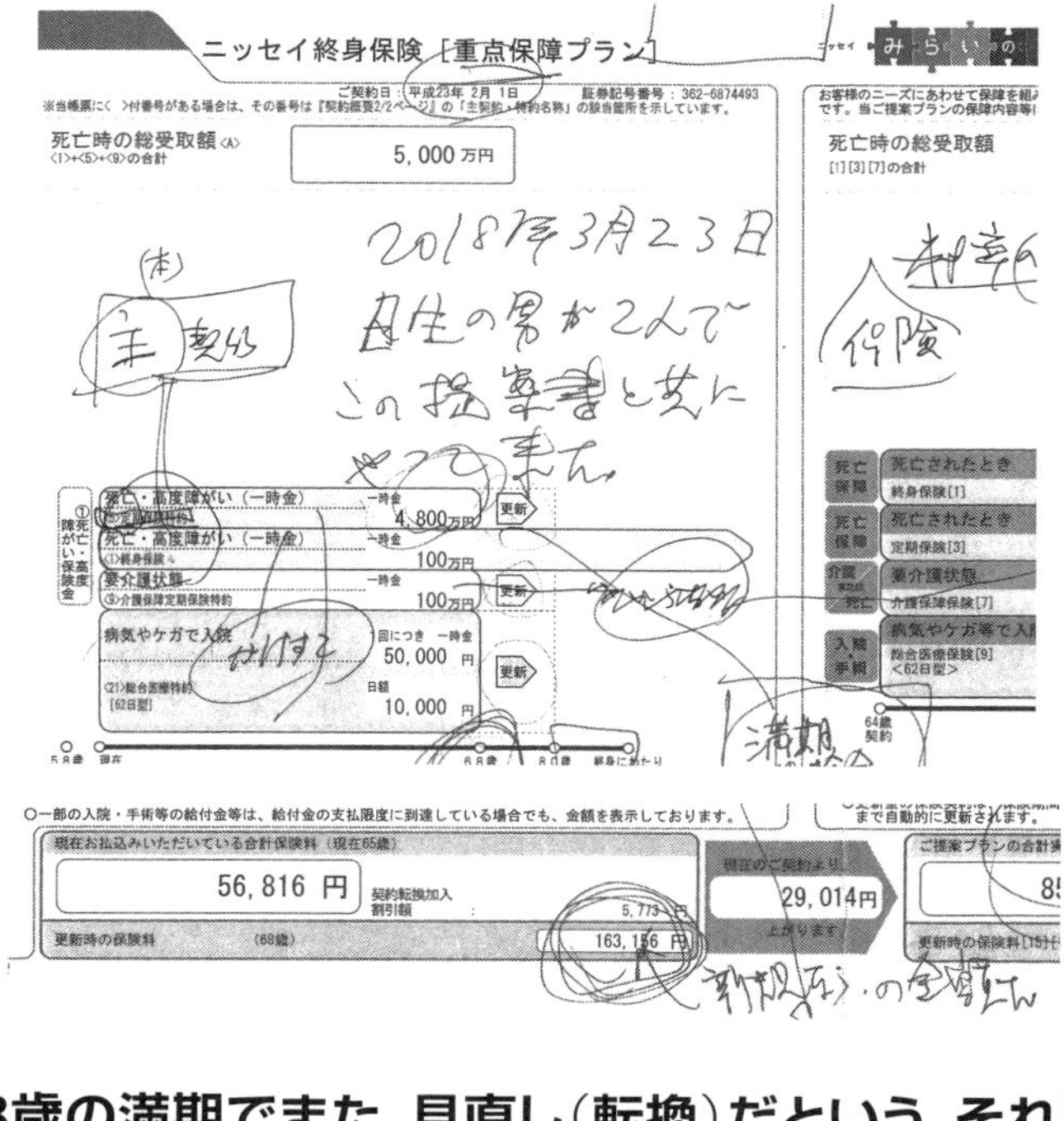
ニッセイ終身保険［重点保障プラン］
ご契約日：平成23年 2月 1日　証券記号番号：362-6874493
※当帳票に〈　〉付番号がある場合は、その番号は『契約概要2/2ページ』の「主契約・特約名称」の該当箇所を示しています。
死亡時の総受取額〈A〉
〈1〉+〈5〉+〈9〉の合計
5,000万円
①死亡・高度障がい保険金
死亡・高度障がい（一時金）　一時金 4,800万円　更新
死亡・高度障がい（一時金）　〈1〉終身保険　一時金 100万円
要介護状態　〈9〉介護保障定期保険特約　一時金 100万円　更新
病気やケガで入院　1回につき 一時金 50,000 円　〈21〉総合医療特約［62日型］　日額 10,000 円　更新
58歳　現在　68歳　80歳　終身にわたり

お客様のニーズにあわせて保障を組み…です。当ご提案プランの保障内容等…
死亡時の総受取額　[1][3][7]の合計
死亡保障　死亡されたとき　終身保険[1]
死亡保障　死亡されたとき　定期保険[3]
介護　要介護状態　介護保障保険[7]
入院手術　病気やケガ等で入院　総合医療保険[9]＜62日型＞
64歳 契約

○一部の入院・手術等の給付金等は、給付金の支払限度に到達している場合でも、金額を表示しております。
まで自動的に更新されます。
現在お払込みいただいている合計保険料（現在65歳）
56,816 円
契約転換加入割引額　5,773 円
更新時の保険料　（68歳）　163,156 円
現在のご契約より 29,014円 上がります
ご提案プランの合計…
更新時の保険料

68歳の満期でまた、見直し（転換）だという。それ以降は、私は毎月16万3156円保険料を払うことになると。こんな大金は誰も払えない。払う気にならない。そのことも向こうは重々《じゅうじゅう》知っている。何ということをするのか。

す。保障が５０００万円で、その内訳がこれです。その次がこれです。

副島　あれ、１回目の切り換えで、終身保険《しゅうしん》がそれまで２００万円あったのが、いつの間にか、１００万円に減らされている。あ、痛《いた》。こういうことをあなたたちはするのか。ほんとにキタナいことやるね。

M　これはご参考までに、ですが、翌年、平成７年（１９９５年）に年金に入っていただいたときの申込書です。このあと初めの契約を、３年たった平成９年（１９９７年）の時点で、お見直しをいただいているんですが。こちらがそのときの申込書です。ここでは終身保険《しゅうしんほけん》が２３０万円になっています。

副島　ここの６９００万円って何ですか。

M　保障《ほしょう》額です。

副島　何ですか。

M　５０００万円から６９００万円に保障《ほしょう》額を上げていただいています。

副島隆彦が日本生命と25年前に結んだ最初の契約書（その1）

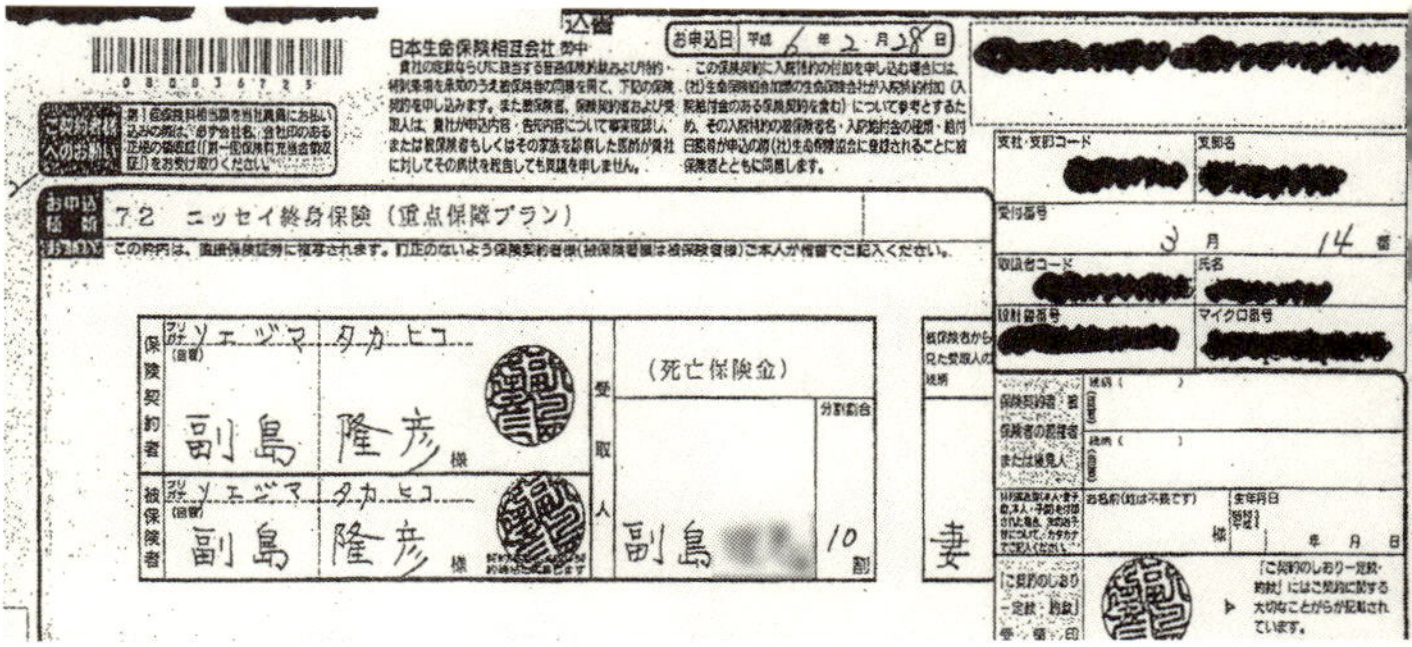

[redacted] 込書
日本生命保険相互会社 御中
お申込日 平成 6 年 2 月 28 日
[redacted]
ご契約者様へのお願い
第1回保険料相当額を当社職員にお払い込みの際は、必ず会社名、会社印のある正規の領収証（「第一回保険料充当金領収証」）をお受け取りください。
支社・支部コード [redacted] 支部名 [redacted]
受付番号 3 月 14 番
取扱者コード [redacted] 氏名 [redacted]
設計書番号 [redacted] マイクロ番号 [redacted]
お申込種類 72 ニッセイ終身保険（重点保障プラン）
この枠内は、直接保険証券に複写されます。訂正のないよう保険契約者様（被保険者様は被保険者様）ご本人が楷書でご記入ください。
保険契約者 フリガナ ソエジマ タカヒコ 副島 隆彦 様
被保険者 フリガナ ソエジマ タカヒコ 副島 隆彦 様
受取人（死亡保険金） 副島 [redacted] 分割割合 10 割
被保険者から見た受取人の続柄 妻
「ご契約のしおり－定款・約款」にはご契約に関する大切なことがらが記載されています。

お申込内容	保険金額（円）	保険期間	保険料払込期間	配当方法
＜普通死亡時お受取金額＞	50,000,000			積立
終身保険金額（主契約）	2,000,000	終身	終身	
定期保険特約保険金額	48,000,000	15年間	15年間	払込方法：月払（口座料率）
新災害入院特約（本人型）	日額 5,000	15年間	15年間	
新入院医療特約（本人型）	日額 5,000	15年間	15年間	経路：口座振替扱
通院特約（本人型）	日額 3,000	15年間	15年間	保険料振替口座

1994年（平成6）、41歳のときに結んだもの。死亡時の受取金額が5000万円。終身保険が200万円、定期保険特約が、残り4800万円となっている。

このあと1997年（平成9）に1回目の転換（見直し）をやっている。その契約書の写しをニッセイは私に渡さなかった。

副島　これを私は理解しているの？

M　こちらとしてはサインを（あなたから）いただいている。そういうことなんですが。

副島　これは契約書原本《げんぽん》を見せてもらわないと。ここで切り取って、下からコピーの可能性があるからね。

M　いや、これは原本です。この契約が10年たったときに、更新《こうしん》時期（これが定期特約の意味だ。引用者注）をお迎えいただいています。今から11年前ですから2007年です。2007年3月に、契約を更新するのと同時に、保障額を再び減額していただいています。そのときに終身《しゅうしん》保険の230万円はそのままで、保障額を5000万円に戻されているんです。

副島　これは私の奥さんが、お宅の営業ウーマンと話をして決めたということですよね。

M　それで、ご自署をいただいているんだと思います。続いて、これが直近の平成23年（2011年）です。このお見直しをいただいているとき、今、問題になっている「終身が100万円」に変わっています。

副島　このときの営業のおばさんは誰なのか、ぐらいはわかるでしょ。

M　それは当然、フォローはできます。

副島　それが、いま生きている私の保険なのね。

M　はい、いま生きている保険です。

保険料が見直しのたびに上がっていた。保険会社の言いなりだった

副島　私がわからないのは、保険契約というのは、そんなにコロコロ変えるものなの？　見直し、見直しって一体何なのですか？　保障金額（保険金の額）を、保険に入って間もなく6900万円にして、終身保険を230万円に変えている。

それでも毎月の掛け金が5万4000円、という私の毎月の払いは変わっていない。

M　いまは5万6000円です。

副島　何のために、こんなに保障額（保険金）を変える必要があるのか。うちの奥さんは、そんなに頭が回らないから、この事実を分かっていないと思いますよ。分かるわけがない。

G　一番最初の保険料（掛け金）は2万9854円でした。

副島　毎月の払いが？

G　はい。ご加入いただいています。

副島　それが、いつ、倍ぐらいの5万6000円になったの。

M　一回目の、見直しで、平成9年（1997年）で、3万3000円に上がっていますね。

副島隆彦が日本生命と12年前の「転換」で結んだ契約書（その2）

NISSAY

減額・特約解約請求書

日本生命保険相互会社　御中

請求書No.（　／　）220－01

（撮）

手続する契約（証券記号番号）	（353）第8600746号 終身保険［重点保障プラン］　平成　9年　3月　1日契約

上記契約の保障内容の変更を請求します。なお、「お客様情報取扱説明書」を受領のうえ、記載内容に同意します。

請求人記

請求日（記入日）	平成　19　年　3　月　16　日
契約者名	2007 副島隆彦
保険証券面の印	（印）
日中連絡先（携帯以外）	（048）647－5318

記入についてのお願い

※請求書表面・裏面の印字内容を確認のうえ、記入・押印ください。（太枠内は必須）

※書き損じなどで訂正された場合は、二重線で抹消のうえ訂正印（請求印）を押印ください。

※届出住所を変更する場合記入ください。（マンション・アパート名も記入ください）

保障

《主契約および特約内容》	《現在の保障額》		《変更後の保障額》
普通死亡時の保険金額（○印の主契約・特約の合計）	69,000,000 円	→	50,000,000 円※
○主契約保険金額（終身保険金額）	2,300,000 円		2,300,000 円
○定期保険特約保険金額	66,700,000 円	→	47,700,000 円※
新災害入院特約日額［本人型］	5,000 円		5,000 円
新入院医療特約日額［本人型］	5,000 円		5,000 円

※は変更箇所、金額0円は特約解約を表わします。

以下余白

2回目の「転換」（見直し）で2007年（平成19）の契約書。この前の、1回目の「転換」でなぜか保障額を6900万円に上げていたのを5000万円に戻している。これで、毎月7万3182円の掛け金が、毎月5万4467円に下がった。終身保険は、230万円に増えている。

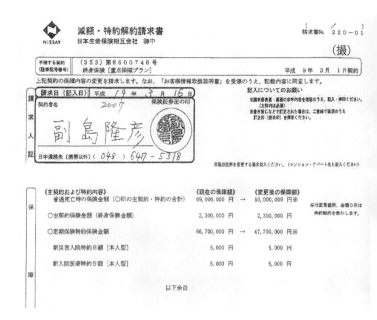

G　最初から3年後に見直されたとき、毎月の払いが2万9000円から3万3000円になっています。

副島　それがいつから5万6000円になったの。

M　その次が平成9年（1997年）に3万3001円ですね。その次に更新された平成19年（2007年）に、保険料が5万4467円になっています。平成9年の契約を10年たって見直されたときです。

更新、見直し、切り替え……なんなのかと聞いた

副島　Mさん、これまでに私が日生から受け取れる配当金《はいとうきん》は、ほんのわずかなお金だそうだね。25年間掛け続けて20万円か、そこらですか。

M　いまは2万8000円です。

副島　え？　たったの2万8000円。一回、発生したお金が消えたりするの？

M　見直しをさせていただいたとき、保険料をお安くするために使わせていただいています。

副島　そういうことをするのか、あなたたちは。それで25年間分を掛け合わせると1600万円弱、これまで私はあなた方に払っている。

M　いや、合計いただくと、おそらく1460万円ぐらいだと思います。ただ、すごい額であるのは間違いないです。

副島　よかった。思っていたより140万円でも低くて。ただ、その見直《みなお》しとか、切《き》り替《か》えとか……。その見直し契約というのは何なのですか。見直しという契約なの？　更新《こうしん》とも違うよね。

M　更新とは違います。

副島　更新というのは？

M　「更新《こうしん》」は、いまあるご契約をそのままにして、やりくりをするのですけれども、保障額《ほしょうがく》を上げたり、そのままだったり、下げたりということで変えていくものです。昔の保険契約のままで内容を変えていく。「見直《みなお》し」というのは、昔の保険契約を下取《したど》りさせていただいて、新しい保険として契約いただく。ちょっとわかりにくいかもしれませんが、こういう感じです。

副島　あなたは「下取《したど》り」という言葉を使って、まるで自動車の「下取り」のような感じにして誤魔化《ごまか》している。前の契約を完全に壊して全く別の契約にしてしまっている。ものすごく質《たち》の悪いやり方だ。あなたたちのやっていることは穢《きた》ない。あなたたちの手口は本当にズルい。

M　私どもは汚《きたな》いとは思っておりません。

副島　そうやって、「お客さまのために」とか言いながら、客のためにならないことを長年やっているんだ。きっと知っている人たちは皆、知っているんだ。あなたたちの主観でこれは当然だ、とあなたたちは言っている。あなたたちの、そ

副島隆彦が日本生命と8年前の「転換」で結んだ契約書（その3）

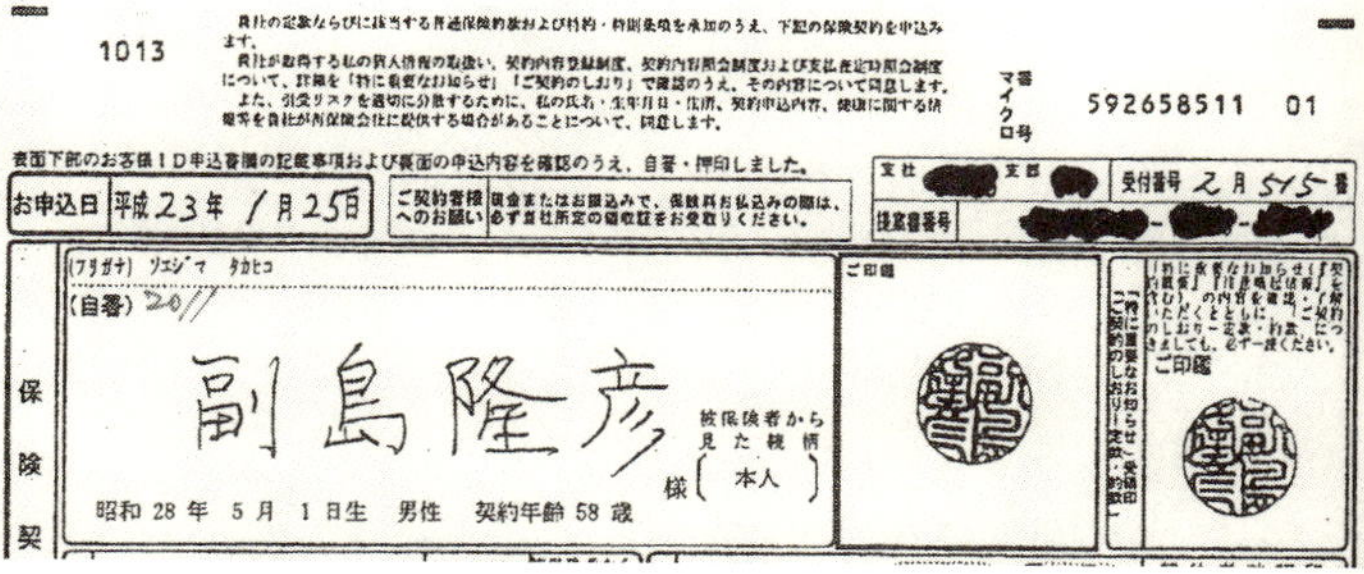

1013

貴社の定款ならびに該当する普通保険約款および特約・特則条項を承知のうえ、下記の保険契約を申込みます。
貴社が取得する私の個人情報の取扱い、契約内容登録制度、契約内容照会制度および支払査定時照会制度について、詳細を「特に重要なお知らせ」「ご契約のしおり」で確認のうえ、その内容について同意します。
また、引受リスクを適切に分散するために、私の氏名・生年月日・住所、契約申込内容、健康に関する情報等を貴社が再保険会社に提供する場合があることについて、同意します。

マイクロ番号　592658511　01

表面下部のお客様ＩＤ申込書欄の記載事項および裏面の申込内容を確認のうえ、自署・押印しました。

お申込日　平成23年 1月25日

ご契約者様へのお願い　現金またはお振込みで、保険料お払込みの際は、必ず当社所定の領収証をお受取りください。

支社 [redacted] 支部 [redacted]　受付番号 2月515番
提案書番号 [redacted]

保険契

（フリガナ）ソエジマ　タカヒコ
（自署）2011
副島隆彦　様
被保険者から見た続柄（本人）
昭和 28 年 5 月 1 日生　男性　契約年齢 58 歳

ご印鑑

ご印鑑

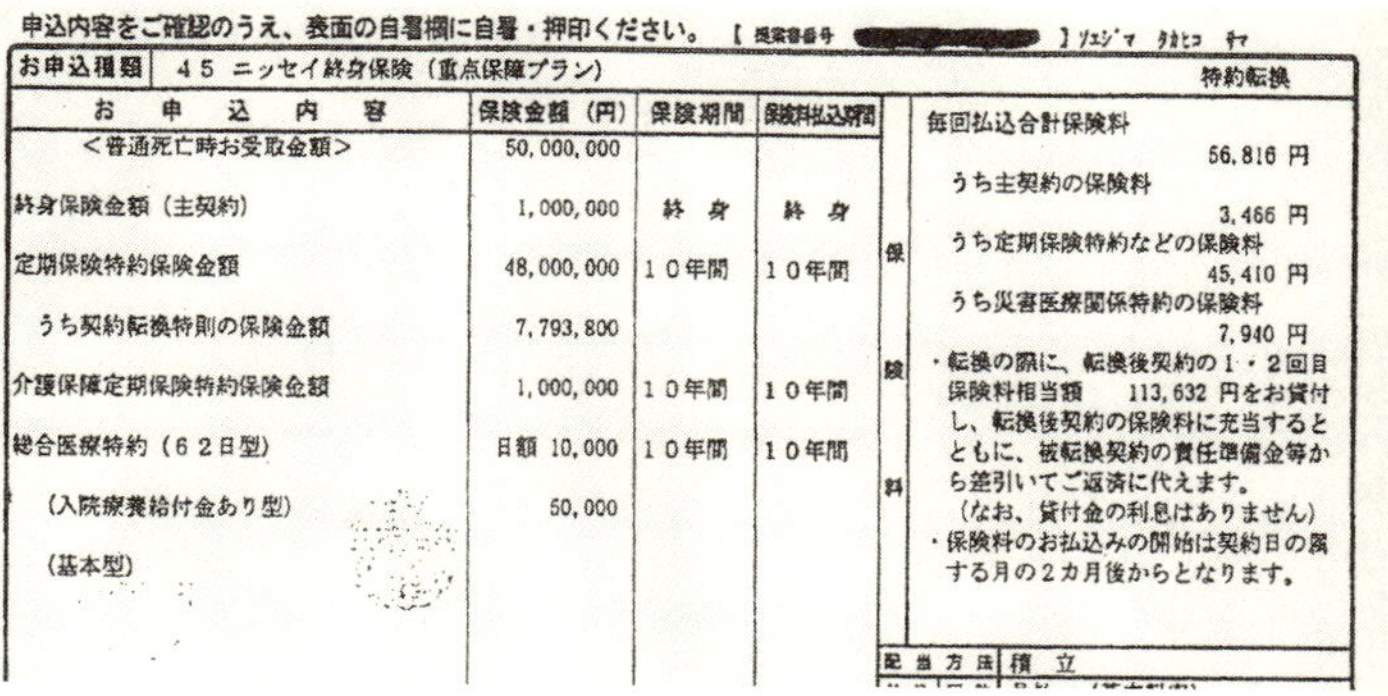

申込内容をご確認のうえ、表面の自署欄に自署・押印ください。【提案書番号 [redacted]】ソエジマ　タカヒコ　サマ

お申込種類　45 ニッセイ終身保険（重点保障プラン）　特約転換

お申込内容	保険金額（円）	保険期間	保険料払込期間
＜普通死亡時お受取金額＞	50,000,000		
終身保険金額（主契約）	1,000,000	終身	終身
定期保険特約保険金額	48,000,000	10年間	10年間
うち契約転換特則の保険金額	7,793,800		
介護保障定期保険特約保険金額	1,000,000	10年間	10年間
総合医療特約（62日型）	日額 10,000	10年間	10年間
（入院療養給付金あり型）	50,000		
（基本型）			

保険料

毎回払込合計保険料
56,816 円
うち主契約の保険料
3,466 円
うち定期保険特約などの保険料
45,410 円
うち災害医療関係特約の保険料
7,940 円
・転換の際に、転換後契約の1・2回目保険料相当額　113,632 円をお貸付し、転換後契約の保険料に充当するとともに、被転換契約の責任準備金等から差引いてご返済に代えます。
（なお、貸付金の利息はありません）
・保険料のお払込みの開始は契約日の属する月の2カ月後からとなります。

配当方法　積立

2011年（平成23）に3回目の見直し（転換）をしている。ここで、終身保険が、100万円に減額されている。なぜだ。定期保険特約が4800万円で、介護保障定期保険特約が100万円だ。終身保険を200万円のままでよかったのに。

の見直し（下取り）契約とか、契約の切り替え（転換《てんかん》）とかで、中身がいいように変えられて、ヒドいものにされてゆく。あなたたちのやっていることは、サギだ。あなたが私と逆の立場で、あなたが生命保険の客だったら、ホントに、こんなヒドい契約をするか。あなたたちは、今、何か私のためになっているのか。

M　少なくとも、その時々で保障をお見直しされていると思うんですが。お役に立っているから提案をしているんだと思っております。（あなたが）サインそして捺印《なついん》を（このようにその度に）いただいているんだと私どもは理解をしております。

副島　ははあ。これで分かった。そう言って鬼の首を取ったように居直るのだ。それがあなたたちの常套《じょうとう》手段なのだ。「ここに、こうしてお前の署名捺印があるぞ」と。そして契約内容の見直し（転換）の度《たび》に変える。コロコロ変え過ぎだ、何だか。提案という形で知識の足りない客を騙《だま》して、新しいものを押し付けて、それを飲ませるという形になっている。実際には。これが現実だからな。あなたもそれはわかるだろう。私が言っていることは。

M そういうご不満を述べられるお客さまがおられることも事実です。

副島 全国で客の不満が相当にたまっているんじゃないですか。

生保への苦情件数は、多くなっている。新聞記事にもなっている。意味が分からないまま、いいように署名しハンコだけ押印させられてしまった人がたくさんいて、それで長年掛け金をたくさん払わされて。それで何の見返りもない。みんな私と全く同じだ。まんまとダマされた！

●「生保契約トラブル　無理な勧誘、高齢者に続発」

高齢者の生命保険契約を巡るトラブルが相次いでいる。背景には長引く低金利で保険会社が高齢者の資金運用先として、保険料が高額な貯蓄型商品を勧めている現状がある。内容を理解せず契約するケースが目立ち、国民生活センターは、「高齢者は契約する前に必ず家族に相談してほしい」と呼びかけている。

同センターによると、全国の消費者相談窓口に寄せられた70歳以上の生命保険に関する相談は、２０１１年度の２５７１件から増加傾向にあり16年度は２９３６件。親が高額の契約をしたが解約したい、という子供からの相談が多く、自宅を訪問した営業員による勧誘がきっかけで契約した高齢者が目立った。

（毎日新聞　2017年9月12日　傍点、引用者）

これが今の日本の現実だ。生保は国民のためになっていない。今や自分たちが企業として生き残ることしか考えない害悪《がいあく》業種だ。きっと40年前はこんなことはなかった。私はニッセイに寄せられた苦情件数や裁判件数とその内容のことをしっかり聞くために、これから何度でも、面会する。私自身へのダマシの真実を聞き出すだけでなく。それが言論人、金融評論家としての私の使命《ベルーフ》だ。

この日はこれまで話してきた担当者だけでなく、本社の広報部の人間にも会わせてくれ、と頼んだ。しかし当日になって、予定がつかない、と言われた。私は仕方なく、「自分がお客様係だ」と名乗り出てきた人間と話した。ところがこの人物がまともに私の質問に答えようとしない。のらりくらりとまったく何も真実を答えようとしない。こういう人間をちゃんと配置しているのだ。

お客様係と名乗る人間は、苦情件数も答えなかった

副島　それで、ニッセイが監督庁《かんとくちょう》である金融庁に対して出している報告書を、私は見せてもらえるのですか？　苦情・トラブルに関する報告書を。

G　そういったものを当社が出しているかどうかも含めて、あとで確認します。

副島　だから広報部の人と私が話をしたいというのは、そういうことですよ。あなたじゃ対応できていない。「あとで確認します」と言ったってしはしないよ。

G　申し訳ないです。

副島　あなたは本社勤務だが日生エージェンシーと名乗っている、ニッセイの子会社で、私に対応している、この人たちが言うには、受ける苦情は、年に1回か

2回です、とさっき聞いた。そんなに少ないはずがない。ニッセイ全体でどれぐらい有るの。保険金や掛け金のことでのトラブルとか、苦情の件数は。

G　それは確認させていただきます。いま私の手元にデータはないので。

副島　文書で出すの、何で出すの？

G　はい？

副島　簡単に言えないのか、そういうことも。

G　簡単にでございますか。

副島　だいたいあなたは本社のお客様係で、日本生命全体の苦情処理をあなたはしているんでしょ。

G　そうですけれども、ちょっとすみません。いま私はそのデータを把握していません。申し訳ございません。

副島　何のデータを把握しているの、それじゃ。

G　こういった個別のといいますか。お客さまのお申し出への対応の状況ですとか、それが適正におこなわれているか、そういったことを現場と一体となって担当しているのが私《わたくし》でございます。

副島　あなたが、きちんと説明してくれると言うから期待して来たのだけど。私の事例に関して一応、説明を受けましたか。

G　はい。

副島　ここからは私の主張と、それから苦情ですけどね。はっきり申し上げます。大きく4つある。

そして私は、保険業界だけで使われている用語の使い方の確認も逐一とりながら、生命保険が今では、いかにヒドくて、客にとって騙しであるかについて、彼らに問《と》い糾《ただ》した。私がした4つの指摘は次の章の通りだ。

第3章

私が保険会社に詰問《きつもん》した4つの主張

主張1 「主契約がたった100万円で、特約が4900万円というのは異常だ」

主な契約という「主契約」の割合が、なぜこんなに低いのか

私が入っている生命保険の金額は5000万円だ。最初に入ったのが1994年。そこからずっと毎月、掛け金を払い続けて、25年たった。1400万円ぐらいのお金をこれまでに払っている。それで保障額のうち、「主《しゅ》契約」というが、これがたったの100万円だった。これが終《しゅう》身《しん》保険だ。このお金だけは私が死んだら払われる。

それ以外の残りの4900万円の分は何か。保険会社に尋ねると、「定期保険《ていきほけん》の特約《とくやく》です」と答えた。定期保険というワケの分からないコトバを使う。何が定、

期なのか全く分からない。実態は掛け捨て部分だ。ただ「掛け捨て」というコトバを生保業界は認めない。知らん顔をする。ここがサギの本体、中心だということを彼ら自身は知っている。知っていて、この「定期保険」なるものを売り続けているのだ。「保障を手厚く」というダマシの言葉を使いながら。代理店やらニッセイのおばさんたちを使って。

この他に介護状態になったときの保障を扱っている「介護特約」の分の100万円がついている保険だそうだ。しかしこの疾病《しっぺい》（病気のこと）や介護の特約というのは、実態は、ほとんど飾《かざ》りだ。客にとってはいくらの利益にもならない。特約保障が4900万円だ。しかし主《しゅ》契約がたった100万円で、定期保険という特約《とくやく》が4800万円というのは、世界の保険会社がやっていることと比べると、きわめて異常な行動だ。日本の生保業界は今や金融サギ師の集団に転落している。

彼らは「重点保障《じゅうてんほしょう》プラン」という言葉を使う。これで私たちを騙《だま》す。もし私が死んだら家族に4800万円渡るのだから、ということを保険の売りの目玉にしている。ここの部分は、掛け捨てなのである。国民を騙す。そして本当に大切であり、私たちが望んでいる「主《おも》だった契約」の部分は、たったの100万円だ。

私が生保にダマされた、と気づいてから、必死になって勉強して分かったことがたくさんある。次の事実が重要だ。この業界の人たちがコソコソ話していることから知った。

保険会社は、私たちが毎月払う保険金、掛け金の予想合計額（初めの2年間分とか）から、まずドーンと3割を最初に取るそうだ。このお金が営業のおばちゃんたちの給料と従業員（社員たち）の給料に回っている。そして本来の「積立《つみたて》金《きん》」の部分は「掛《か》け捨《す》て」に変質させられる。彼ら自身が最後には「掛け捨て」を認めた。即ち、客（契約者）に払い戻す気はない。お金がわずかに生保の中に積み上がっている。客の分から奪い取った残りカスだ。それを返戻金《へんれいきん》と配当金と

「定期保険特約付き終身保険」というサギ商品ばかり、おすすめとかご提案とか言って、売っている。「主《しゅ》契約（終身保険）」の割合は極端に少ない。ここが主《しゅ》契約なのに

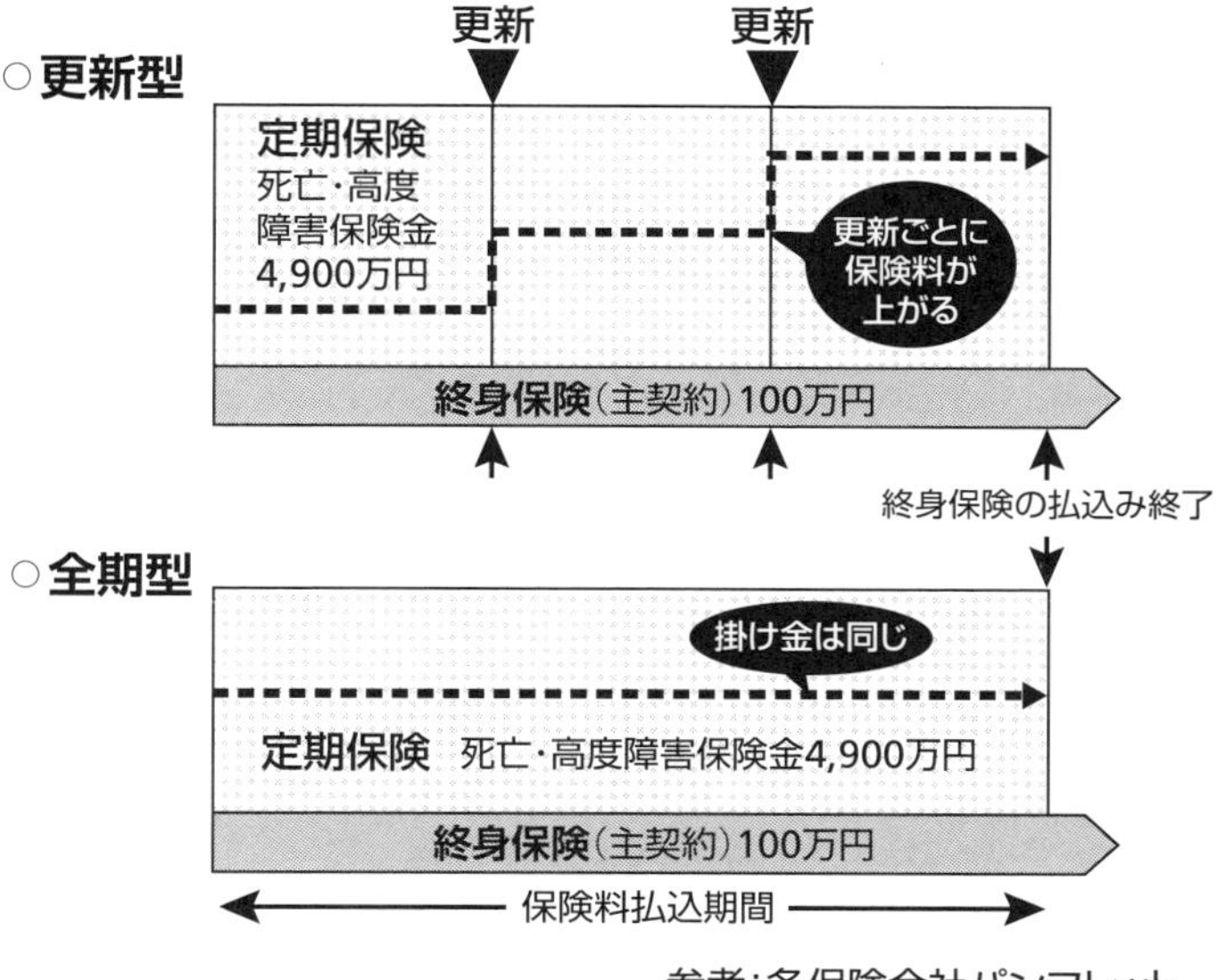

参考：各保険会社パンフレット

10年ごとに更新する、見直す、という「更新型」は保険会社に都合のよい仕組みだ。初めから騙しだ。「全《ぜん》期《き》型」という更新（転換）のない、掛け金がずっと変わらない型も有ることは有る、と逃げ道を予《あらかじ》め作っている。

称して、手切《てぎ》れ金のようにみみっちい感じで渡す。この悪辣《あくらつ》な仕組みになっている。

日本人は、ほとんど死なないのだ。65歳を越さないと、元々、元気な人たち（契約の始めのとき）は、誰も死なないのだ。1000人にひとりしか死なない。ようやく、私はこの真実にたどりついた。それがP179に載せた「簡易生命表」だ。ここに「男」の「死亡率」と「生存数」がはっきりと書かれている。65歳で死亡率は「0・01072」（即ち1％）である。これが72歳でようやく死亡率が0・02（即ち2％）になる。

「満期《まんき》のときに満期保険金《まんきほけんきん》を支払わない保険、この保険のことを、掛け捨ての保険」と業界用語で言うそうだ。

副島隆彦の満期保険金《まんきほけんきん》、契約満期になるまで無事に元気で生きた場合に、保険会社が支払うと決まっているお金は、ゼロだ。25年前に私が契約したときからゼ口だったという。びっくりした。

それに対して、本物の本当の積み立て部分である「終身保険《しゅうしんほけん》」が「主契約《しゅけいやく》」であるが、私の契約だと始めからたったの100万円だ。ただ、私と同じ年齢のサラリーマンに聞いたら、この人の契約は終身《しゅうしん》保険は500万円である。賢いこの人はこっちに入るべきだったのだと親切に教えてくれた。ここに単純だが貴重な真実があった。ここで私は大きく騙《だま》されたのだ。私はようやく、ハッと気づいた。

私のこの本はこの気づきをこそ書く。始めの始めから客（国民）をここで生保業界はハメてきたのだ、と。自分たちがだんだん儲《もう》からなくなったので、50年ぐらい前から、徐々《じょじょ》にこの悪の道に手を染めたのだ。自分たちはプロの業者だから、この悪魔の手口を十分に知っている。知っていて分かっていて、はまっていった。反省せよ。

私のメリットはどこにあるのか

賢いサラリーマン氏がなぜ始めから「終身部分を500万円」と契約したか、というと。彼がとりわけ頭脳明晰な人というわけではない。自分の親戚が保険の代理店をやっていて、そうしなさい、と教えてくれたからなのだ。これが真実だ。業界人（専門家）を友人・知人に持つことは人生で大事なことだ。

私に払われる可能性が、統計・確率から言って始めからほとんどない「確率100分の1」に払い続けた部分（毎月の5・6万円のうちの5万円）は、25年前の契約の時から騙された、まさしく取り分ゼロ円で契約した「満期保険金」の部分だ。

ところが、ここでもこいつらは悪行《あくぎょう》を積んで、さらにダマシを重ねて、口をぬぐって「満期保険金がない保険は、同じ保険金額の場合に保険料が安いから、それはそれでメリットがあります」と言い放った。

ちょっと聞いただけでは何を言っているのか訳《わけ》が分からない。何が客のメリットなのか。何を言っているのだ、このMは。他の何の部分と比べてメリットなのか。私の払い（毎月の掛け金）は安くて済んでいるのか。種明《たねあ》かしをしよう。「この満期保険金を、1000万円とかもらえるように41歳の始めから設定したら、毎月の掛け金は、16万円だったでしょう」とこいつは言っているのだ。「そんな高い掛け金は払えないでしょう。だから、毎月の掛け金をぐっと安くしてあげて、払える額である5・6万円なのですよ」と言っているのだ。とんでもない詐欺師どもだ。これが生保という悪の金融会社どもがやっていることだ。

私は現に月5万6000円を払い続けてきた。「それなら満期保険金が500万円払われるものに、始めから入っていたら、毎月の保険料はどれぐらい高くなるのか」を聞いた。彼らは「それはわかりません。即答できません」と言って答えようとしなかった。ここで逃げた。この時、私はピンときた。ここにイカサマの正体がある、と。

だから私は、私の一つ目の主張である、私の主《しゅ》保険がたったの１００万円というのはおかしいじゃないか。あまりにもひどい、「重点保障と称するサギの部分。掛け捨て」が何千万円になっているから、だから毎月の保険金がお安いのです、とか言いながら、何と比べて安いのかがわからない、これをどう思うか問いただした。

すると、「同じ５０００万円の保障額でも、終身《しゅうしん》保険が１０００万円、定期保険が４０００万円という組み合わせにすると、毎月の保険料がかなり高くなる」と言うだけだ。私は25年前の始めからそうしておくべきだったのだ。そういう積み立て金方式を重視する（しかし死亡時の保険金は小さい。おそらく１０００万円）保険商品は有る、と言うのだ。彼らは自分たちのサギを自覚していて、逃げ道を始めから作っている。それが、私がＰ56で書いた、私が新しく最近入った三井住友生命の生命保険だ。

「高くなりますよ」と言った保険料を、私は目の前で「概算でいいから」と算出させたら、「月7万4000円ぐらいになる（だったでしょう）」と答えた。それで終身保険は1000万円だ。毎月7・4万円払っていたならば、それだけが戻ってくる。しかし、私にとっては「死んだら5000万円の保険」に意味はない。私はおそらく80歳までは死なないと彼らは始めから知っていたのである。私は今、終身保険がたった100万円のものに、ずっと月5万6000円を捨て金として払い続けてきたのだ。

「あなたたちは始めの始めから、私をだました。生命保険会社の営業のおばさんたちを統括している。あなたたちを使って」と、私は彼らにその場で断言した。

主張2 「保険料が急に3倍になる根拠を教えなさい」

満期から急に保険料が上がるのはなぜなのか

私はあと3年の68歳で契約満了だ。25年間払い続けてきた。ずっと「死んだら5000万円の保険だ」と思ってきた。しかし違った。「58歳の時点での切り替え（更新）で新たなご契約をいただいて、定期《ていき》保険《ほけん》特約《とくやく》部分の締結が10年間という更新型《こうしんがた》の契約になりました。そのようにご納得いただいて契約しています。ここにその署名と印鑑を副島さまからいただいています」とMは私に見せた。P89に載せた平成19年（2007年）の契約書のことだ。目の前に、「おまえは、このように契約したのだ。合意した上で契約を更新したのだ」と私に攻め返してきた。「どうだ。グウの音《ね》も出ないのだろう」と。「これで、私たちの勝ちだよ。おまえがいくら裁判をやっても、私たちの勝ちだよ」と目を輝かせながら私を見た。

この「更新《こうしん》」「転換」「見直し」というコトバが、やはりクセものなのだ。聞いたら、白状した。商品の種類として、「更新型《こうしんがた》」と「全期型《ぜんきがた》」の2種類ある。『全期』というのは何なのか。何が『全部の期』なのか」。すると、「80歳に到達するまで、ずっと保障がありますよ、という保険だ」そうだ。何を言っているのか分からない。

私は25年間支払い続けてきたので、自分は同じものに入っているとずっと思っていた。しかし違った。私の入った保険商品は、「10年ごとに更新時期をお迎えして継続《けいぞく》するかしないかをお客様に選択いただく『更新型』だ」そうだ。更新(転換)のたびに新しい契約に変化、変質するのだ。前の契約は叩《たた》き壊される。何も「継続」などしない。

80歳以上まで生きる人間がものすごく増えたことを、保険会社の方が、予測していなかった。これからトラブルがものすごく増えることを、彼らは自覚し始めている。彼らの方こそ、実は身構《みがま》えている。このことは、あとの私の主張3につながる。

その前に、私の毎月の保険料（掛け金）が、ドバッと3倍になる話だ。

2つ目の問題点だ。68歳で満期を迎えたあとの、私の毎月の保険料5万6000円は、更新したければ3倍の16万3000円になる、という用紙が奥さんに送られてきていた。

私は話し合いの場に男たちの他に付いてきた営業のおばさんに、このことで怒った。「この3倍になる掛け金の保険料の根拠を示しなさい。誰がこんな毎月16万円なんか払えるんだ！」と私が言ったら、なんだか高価そうな服や指輪やネックレスで着飾ったその営業のおばさんは、急に私の前で土下座して謝り出した。

「ええ。誰も払えません。払える人はいません」と言った。私は唖然とした。これも彼らの手口なのだ。

それで一緒にきた「日生エージェンシー」の男のうちのひとりのM（こっちの方が上司らしい）が、私の隣りにピッタリと座ってわざと、くさい息を私に吐きかけながら説明した。私はしばらくして、嫌になって、「やめてください。私に近寄らないでくれ」と言った。

そして私は言った。「ニッセイは苦情を言う客に対して、こんなに失礼なことまでやるのか。あなたは臭《くさ》いんだ。わざとラーメンのニンニクの臭《くさ》い臭《にお》いを苦情を言う客に吐きかけるのだ。こんなことまでするのか。ははーん、あなたたちの魂胆がわかったぞ。このこともおたくの広報部に苦情として言う」と言った。広報部は1回目の面会には出てこなかった。しかし、こういう失礼なことを客に対してするのだ、ということがよーくわかった。

それで、なぜ掛け金が68歳から3倍になるのか、の背景を聞いたら、これにまったくその根拠を示さない。私は疲弊した。だがねばり強く追及する。

3倍になると計算した人間を出せ、という話が通じない

副島　私の質問の二つ目は、いま言いましたよね。毎月の保険料（掛け金）が、5万6000円から16万3000円に急激に変わることの根拠を出しなさい、と。あなたたちニッセイの正社員採用たちは研修センターで、研修を受けたときの正《せい》規分布表《きぶんぷ》とか、確率微分方程式《かくりつびぶんほうていしき》のつくり方とか一応教えられたでしょう。少しはわかるのか？

G　それは、わからないかもしれません。

副島　じゃあ、わかる人を連れてきてくれ。私に説明してくれ。この16万3000円の根拠を。いいですか、（隣りにいる）M君。君では無理なのか。説明でき

ないのか。

M　根拠を出すのは無理です、私には。

副島　だれならできるの、ニッセイの。

M　そういうことを計算している部署はあります。

副島　よし、その人を連れてきて。説明してもらわないといけない。なぜ、急に「掛け金は3倍になります」と客にバーンと出すのか。前々回、営業のおばさんに「誰が払えるんだ！」と私が怒鳴ったら「だれも払えません」と言った。「ええ。こんなお金、だれも払えません」と。あなたも言ったぞ、「払える人はいません」って。

M　一般のサラリーマンでは無理ですね。

副島　それじゃ、他に払いたい、と思う人がいるのか。毎月5万6000円が、16万3000円になるんだぞ。

M　なかなかいないと思います、とその時私はお答えしたと……。

副島　何で、そんなものを商品として売るんだ。誰も払えないようなものを。失礼極まりないだろ、契約者に対して。私は25年間、毎月5万6０００円で、ずっと払ってきているんだから、更新でダマして、10年ごとに全く新しい契約になっています、などと言うべきではない。こんなデフレ（不況）がずっと続く時代に現金の価値が上がってゆくから、25年前の5万6０００円の重みは、今では倍の10万円ぐらいの重み（価値）がある。その負担感はすごいのだ。25年前の昔と違って今は、これだけの掛け金だって払える人たちはものすごく減っているはずだ。それを3倍にするんだぞ。さあ、あなたのご意見は。

G　16万3０００円という金額をご提示したのが、それは……。

副島　ご提示とか、ご提案という言い方をするな、本当に。これは強制金額ではないか。契約をこのあと80歳まで続けたかったら、16・3万円、毎月払え、という強制・命令じゃないか。全くおかしいよ。お前らのやっていることは。

G　これは、このまま、この保険をそういった意味合いで。これは3年後（の68歳になったとき）に同じ内容で続けた場合に、保険料を再計算するとこうなります、というお客様への一つの情報提供でございますので。

副島　何？

G　情報の提供でございます。

副島　何？

G　情報提供。

副島　何の情報提供ですか。

G　更新というものは定期保険特約が満期を迎えたあと、そのまま健康状態に関わらず続けられる、というのが（お客様の）更新のメリットの一つです。

副島　何が、私にとってのメリットなんだ。何と比《くら》べてメリットなのか。私にとってのメリットなんか何もない。16万3000円払え、が、メリットか。情報提供でご提案か。こんなに長く続けている客を大事にしなければいけないだろう、会社としては。私はそれをずっと期待していた。

G おっしゃることは、わかるんですけれども、例えば更新を……。

副島 おっしゃることはわかるのところを、もうちょっと説明してくれ。何をどう、わかっているのだ。

G その際の（契約者の）健康状態に関わらず（たとえ癌とかの病気が見つかっていたとしても）更新ができるのです。ですから、ご病気であっても、査定なしで続けられる、というのが更新の一番のメリットです。ただ、保険料（掛け金）は契約がそこの時点で一旦、更新ですから変わります。ですので、変わった時点で保険料率《ほけんりょうりつ》を計算し直します。保険料率というものは年齢ごとに決まっています。ですから副島さまが10年前に入った保険料率と、10年後の更新時の保険料率はだいぶ違う。そのために保険料が変わります。

副島　だから、その根拠は？　だいぶ違います、とあなたは言ったけど、だいぶ、というのは金額でどれだけか。その根拠を出しなさい。

G　根拠ということですと、これは非常に一般的なご説明になりますけれども、保険は保険の確率《かくりつ》で保険料を計算します。

副島　確率微分《かくりつびぶん》方程式というんだよ。

G　もっと簡単な説明で恐縮ですけれども。

副島　表か何かあるだろう。見せてください。

G　保険料の計算の考え方を私どもは習ってはいます。

副島　その表か何か、生保の社員向けの研修用の表でいいから出してください。営業の女性たちだって、あなたたち自身が統括しているんでしょ。

M　いや、私は今はそういう表は持っていません。

副島　今はじゃなくて、会社にはあるんだね。

M　会社のどこかにはあります……。

なぜ急に支払いが3倍になるのか

そしてこのあと、彼らが答えられる範囲のことを聞いた。驚いたことに、ついに、ここできわめて簡単な真実を彼らはポロリと私に語った。何の意味もない営業トークのようなフリをしてトボけながら、真実を私に教えた。「たとえば100人の方が保険に入られて、30歳の方が、でしたら平均で、1年間で1人《ひとり》が亡くなるという計算をします」と言い始めた。驚いた。彼らはニッセイに30年も勤めているのだ。

生命保険に入っている契約者の100人に1人（1％）しか死なないのだ。そして、これが68歳を越すと、「50人に1人死ぬ」（2％）に変わるらしい。それでも契約者の50人に1人だ。病気で早めに死にそうな人は、最初の健康診断で、精密にハネて排除してある。契約させない。だから、だから68歳を越しても契約者はなかなか誰も病気で死なないのだ。ここに日本の生保のウマ味があったのだ。ほとんど誰も死なない。即ち保険金の3000万円、5000万円、1億円を受け取る人はほとんどいないのだ。交通事故で死ぬ人もほとんどいない。今、日本の交通事故死者は、ものすごく減っている。1年間で全国で、1万人の事故死者どころか、今は3532人（2018年中。警察庁HP）しか死者はいない。そのうち生保に入っている人はわずか（おそらく1割ぐらい）だろうから、生保各社はほとんど支払いリスクを背負っていないのだ。

彼らは、あとは「更新すると保険料率はあがる」としか私に言わなかった。この一点張りだ。「副島さまは3回、更新していますから保険料率が上がったのです」と言いたいのだ。しかしその根拠を言わない。私はなぜ更新の度《たび》ごとに私の保険料率が変わったのか、その根拠の数字を出してほしい、と彼らに迫った。

副島　出してください。その料率の決定の根拠というのを、私は知りたいんだ。だからニッセイの中で、計算機センターの人たちがいるでしょう。私はそこの人たちに、この生命保険の確率《かくりつ》（プロヴァビリティ）を、どうやって私の年齢に合わせて決めているのか。こういうふうになるのだ、というその根拠を教えてくれと言っている。ここで数字の根拠の説明を客が求めるのは理屈が合っていますよね。

G　私どもは、いま私がしたようなところの、一般的な保険料の考え方で、すいません、お話しさせていただいています、料率の計算の……。

副島　私の毎月の保険料（掛け金）を3倍すると、ぴったり金額が合うんだ。5万6000円のちょうど3倍が、16万円と少しだ。どういうことをやっているんだ、あなたたちは。そしてそんなお金を毎月払える人はいません、と言う。68歳で契約終わり、ということだ。そして、手切れ金を100万円だけは払ってやるからそれで我慢しろ、ということだ。本当に失礼な人たちだな、あなたたちは。

G　3倍でぴったり合うというのは、それは3倍であることを意図したわけじゃなくて……。

副島　私の保険の死亡時の保障額が5000万円だからこうだけど、1億円の人だったら、きっと倍になる。それで毎月の払いが11万円で、私が16万3000円になるんだから、33万円になるんだ、毎月の払いが。これがきっと金持ちたちがこの何十年も入らされてきた生命保険だ。彼らは今、ものすごく怒っているよ、きっと。法人（自分が経営している企業）が払っている人も多いだろうけど。

G　更新時に保険料が高くなるというのは、これは年齢が上がりますから保険料率が変わるので、どなたでもそうなんです。

副島 何が変わるんだ。

G 保険料率が変わりますので。更新することで。

副島 だから、その3倍に跳ね上がる根拠を示せと言っている。私は、25年間も払ってきて、それで、このヒドい現実に気づいて、私は怒っているんだ。私は逃げるに逃げられないんだ。逃げたいなら、全部、これまで払った金は置いてゆけ、という考え方ではないか。おまえたちがやっていることは。

G お話ししましたように、この保険の中身というものには、「定期保険」と「終身保険」がありまして。「終身保険」は更新がありません（更新すら必要がない）。何が言いたいかというと、更新する方の「定期保険」の割合が大きいと、更新時の保険料が変わるんです。ですから、だれにとっても損害というわけではないです。

副島 更新時の何が変わるのですか。

G　更新すると更新する保険金の部分。定期保険の金額が高ければ高いほど更新時に保険料は上がります。

副島　もうわかっていることを何回も言うな、失礼な。

G　わかりました。

副島　その根拠を出せ。その根拠を知っている人を連れてきなさいと言っているのだ。G君、あなたは、いま言った言葉をこれまで営業トークで何百回、何千回も話をはぐらかすために言ってきただろうけど、私には通用しませんからね。「数字（金額）の根拠を示せ」と言っているんだ。「はい、それがわかる人を連れてきます」と言うべきなんだ。ここで私に対して壁をつくるな。じゃあ、広報部の人間を呼びなさい。そうしなければ、私はこのまま社長室まで駆け上がるからね。もう、あなたじゃ、話にならない。わざと壁をつくる。「料率決定の根拠を示せ」と言ったら「はい、示します」と言えばいいじゃないか。金額まではっきり出ているんだから。16万3000円と。何がご提案だ。どうやって決定したんだ。

G それは、ご提案ということではなくて……。

副島 「根拠を示しますのでわかる人に説明させます」と言いなさい。

G お答えできないかもしれません、それは。

副島 そういう壁をつくるんだな、ここで。

G お約束できないことはできないと申し上げるしかないですね。

副島 そこで壁をつくる気で最初からいるんだな。16万3000円に跳ね上がる根拠を示せと言っているのに。あなたとは、もう話したくなくなった。ちょっとYさん、どうですか。あなたが私に向かってこの金額を打ち込んだ「プラン」を送ってきたんだぞ、自分で。何でこの数字が出てくるんだ。

M 副島さんがおっしゃっているのは、16万3000円の金額がどんな構成になっていて、その計算が、なぜ、この金額になるのだということをわかるような資料を出せということですね。

副島　そうです。説明しなさいということ。

M　資料を持ってきて説明しなさいと。がんばってみます。

副島　じゃあ、Gさんは拒絶したから、まずあんたががんばりなさい。

M　私でよろしいですか。

副島　よろしいも何も同じニッセイじゃないか。仕事ができる人とできない人がいたら、できると自分で言う人に頼むしかないだろ。G君、その件では、あなたは私に壁をつくった。同じことを3回、言ったからね。失礼なことを言ったんだ。あなたは私に対して、ばかのふりをしたんだぞ。

G　そのようなことをしたつもりはありませんが。

副島　じゃあ「保険料率の決定の根拠を示す人に出てきてください」と言ったら

「はい、お連れしましょう」と言いなさい。そのほうが早い。それで生命保険の掛け金の根拠を統計と確率の表で見せてください。契約者の年齢と立場（病歴があるか、とかも含めて）で、ここに私という具体的なサンプルがあるのだから。私の契約ケースの場合、ここでこのように決定しました、という根拠を聞きたい。

結局、その場にいるMさんが「がんばって調べてきて勉強して説明します」と言った。私は、だが、あなたじゃどうせ無理だ、と言った。残念ながら、数学ができる人じゃないと無理なんだ、あとコンピュータ操作ができる人じゃないと無理なんだ、と言った。「相談します」と彼は言ったが、きっと何もしないだろうと私は思った。後日、本当にそうなった。次回も専門家は誰も出て来なかった。お客様苦情係以上の者たちを出す気はないのだ。それじゃ、社長や会長に面談を申し込むしかない。

誰のための保険なのか

私は自分が入っている生命保険と私の毎月の掛け金の支払いのことで、この件で裁判で争う気はある。ここで泣き寝入りして契約を終了することはできない。これまでずっとお金を払ってきている。これをさっさと投げ捨てることはできない。「こんなサギ会社と付き合ってきた自分がバカだった」と契約を打ち切る（解約《かいやく》する）ことは今さらできない。もう逃げられないのだ。それでは私の大損だ。だが、相手と闘うしかない。私は、ここまで来ても、まだ一番最適なものに変更して契約を続けるしかない。

定期保険の部分（どうせ掛け捨てだ）なんかもう要らない。それよりは終身《しゅうしん》部分を、今からでも大きくして、それでニッセイと闘い続ける。毎月の払いを小さくして、闘い続けるしかない。

こんなになった今の時点でも、何が私にとっての利益か、で、Y氏に案をいろいろ出してもらった。それが次々と出てきた。毎月の掛け金を月7万6000円を支払うことにすることで、1000万円の終身保険（即ち主《しゅ》契約）に変えられると「提案」された。その場合は、健康状態の「査定」が必要だと言った。

私は半年前に前立腺肥大《ぜんりつせんひだい》の手術をした。癌《がん》ではない。典型的なジジイの病気だ。手術をしてくれた東京逓信《ていしん》病院の証明書とか、血液検査から全部いろんな証明書をニッセイに渡した。手術用の経費の項目まで全部しっかり書かれたものを出した。

手術をしてよかった。健康体になった。私はこれで自分の寿命は延びたなと思った。体調もよくなった。しかし保険会社にしてみれば、私がここでコロッと死んで、5000万円を奥さんに払わなければならなくなることを恐れる理屈で動いていると分かった。手術が済んで病気保障の支払い（42万円）が済んでから、

ニッセイはビル貸し業で成り立っている。浜松町に2019年1月に大きな商業施設ができた。こういうのが全国にある

（第3種郵便物認可）　日刊建設工業新聞　2018年（平成30年）8月27日（月曜日）　（6）

日本生命浜松町クレアタワー 完成

浜松町駅前エリア再開発プロジェクト第1弾

設計コンセプト

日本・東京・江戸の玄関口として

日本生命浜松町クレアタワーは大江戸線大門駅改札口から直接アクセスできる位置にあり、自然光の入る視認性のよいステーションコア（駅・建物・まちをつなぐ縦動線）を増上寺の参道である大門通り側に計画することで浜松町駅・大門駅の乗り換え利便性を向上させ、歩行者デッキの整備により駅や汐留・竹芝などの周辺街区へとつながる歩行者ネットワークが形成されます。

まちには旧芝離宮恩賜庭園、増上寺など江戸の歴史を感じさせるたたずまいが今なお残っており、和や江戸・門前町を感じさせる意匠・素材・色彩を意識しながら、陸・海・空の玄関口として迎え入れる開かれたイメージが重なりあう景観の創出を目指しました。

外装は質感のある石の縦格子にガラスを重ね合わせたシンプルな構成とし風格や力強さを感じさせる意匠としています。ステーションコアを含めたパブリック空間は、縁側空間のような中間領域を形成することを意識し、緑豊かなオープンスペースや大門通りを含めたまちへのにぎわいの創出を狙いました。

オフィスは、場所の特徴である東京タワーや増上寺などが一望できる西側に窓を配置しました。奥行き15m～21mの3面開放の無柱空間とし、浜松町駅近地区では最大級の約790坪の面積を確保しました。

株式会社日建設計

設計部門設計部長　小松慎之

ハイグレードビルの実現にむけて

本計画の設計にあたってはデザイン性と技術力の高い両立が求められました。

縦格子を基調とした外装は、花こう岩打ち込みプレキャストコンクリート板とLow－Eガラス組み込みのアルミユニットサッシの組み合わせで構成することで、風格と力強さを併せ持つ彫りの深い格子デザインを実現しました。格子デザインは熱負荷低減にも寄与し、高い環境性能を併せ持つ外装となっています。ステーションコアは、エスカレーターなどの縦動線を立体的に組み込んだ魅力あふれる吹き抜け空間です。緑豊かな森を連想させる横ボーダー基調の低層部はGRC素地仕上げとし、質感ある個性的な空間を形成しています。

構造計画の特徴として、大林組開発のブレーキダンパーとオイルダンパーを併用したハイブリッド制振構造を採用しており、建物の風揺れや中小地震から、大地震や長周期地震など、さまざまな影響に対して高い耐震性能を発揮します。また、72時間対応の非常用発電設備、主要設備機械室の中間階配置による浸水被害の低減など事業継続性にも配慮しました。

敷地周辺の緑あふれる有機的な外構計画により、浜松町エリアに新しい安らぎある体験の場を提供しています。今後はアート作品も外構に配されることが計画されており、街づくりへの貢献が期待されます。

株式会社大林組

設計本部建築設計部副部長　武内篤史

都内主要エリアへ圧倒的な利便性

出典：日刊建設工業新聞2018年8月27日より

こんな巨大な箱モノに、私たち客（契約者）の金が使われている。全く腹立たしい。

契約本体《ほんたい》の話をするということを何度も言われた。「私が本当は病気（癌）でもうすぐ死ぬ、と疑っているのか」と聞いたら、彼らは「とんでもございません。保険とはそういうものでございますので」と言った。

では聞きたい。保険会社というのは営利事業なのか、何なのか。尋ねたら、「普通の会社とは違いますけれども、民間の会社でございますので、やはり営利がなければ会社は続けられません」と言った。

営利事業以外のことで、生命保険会社として、営業のおばさんたち（あるいは代理店）には何を教えているのかも聞いた。そうすると、「いかに生命保険がお客さまの役に立つのかということを教える」そうだ。「客に合わせた『提案』と『アフターフォロー』をする」のだそうだ。結局、契約の話だ。どれだけ契約を取れるかということだ。「（入《はい》っていれば）安心、安全」と今はほとんど言わないようになった。苦情やトラブルをたくさん抱えているからだ。

主張3 「配当金が20年間でたったの2万8000円。安すぎる」

客の利益を考える発想はとうに消えていた

3つ目の質問は「配当金」の少なさだ。まあ、これは前の2に比べれば小さな問題だ。今さら、25年間で配当金の合計が2万8000円だ、と言われても鼻で笑うしかない。何をやっているんだ、おまえたちは。恐ろしく小さな額だ。「配当を出す係は、資金運用部とは言わずに、財務部という部署で配当額を決定している」と言った。

この26年間、(1993年から)日本はずっと景気が悪い(デフレ不況だ)から、生保はどこも経営体として利益が出ていない。だから掛け金総額(1000

万円）の０・２％にもならない配当金だ。20年間でだ。これを年率に割ったら、０・０１％だ。ゴミくずのような配当金だ。だからこんなに少額になる。

客に対する利益還元というものが全くできていない。保険会社は客からお金を集めて運用する商売だ。ものを売っているわけではない。製品を売ったり、料理を出したり、サービスで生きている商売でもない。金融商品を売っている。と今はいう。欧米社会では、本当に、「インシュアランス・ポリシー（保険の契約書）を売る」という。これが日本にも伝わって、30年前ぐらいから、「保険商品を売る」というようになったのだ。配当がこんなにちっぽけだ、ということは、まともな金融法人ではない、ということだ。「銀行消滅」（どんどん銀行の店舗《てんぽ》が減って消えている）と同じで「生保消滅」してもおかしくない。

私が今入っているニッセイの生命保険の配当金の「予定利率《よていりりつ》」は、０・８５％だそうだ。「予定利率」というのは、この業界の独特の専門用語で、「客から前払

2003年に、「予定利率の変更」＝「契約途中で予定利率を下げてもよい」という法律が政府が生保を救済するために成立し、施行された

○予定利率の基準となる標準利率（金融庁が定める）も下がってきている

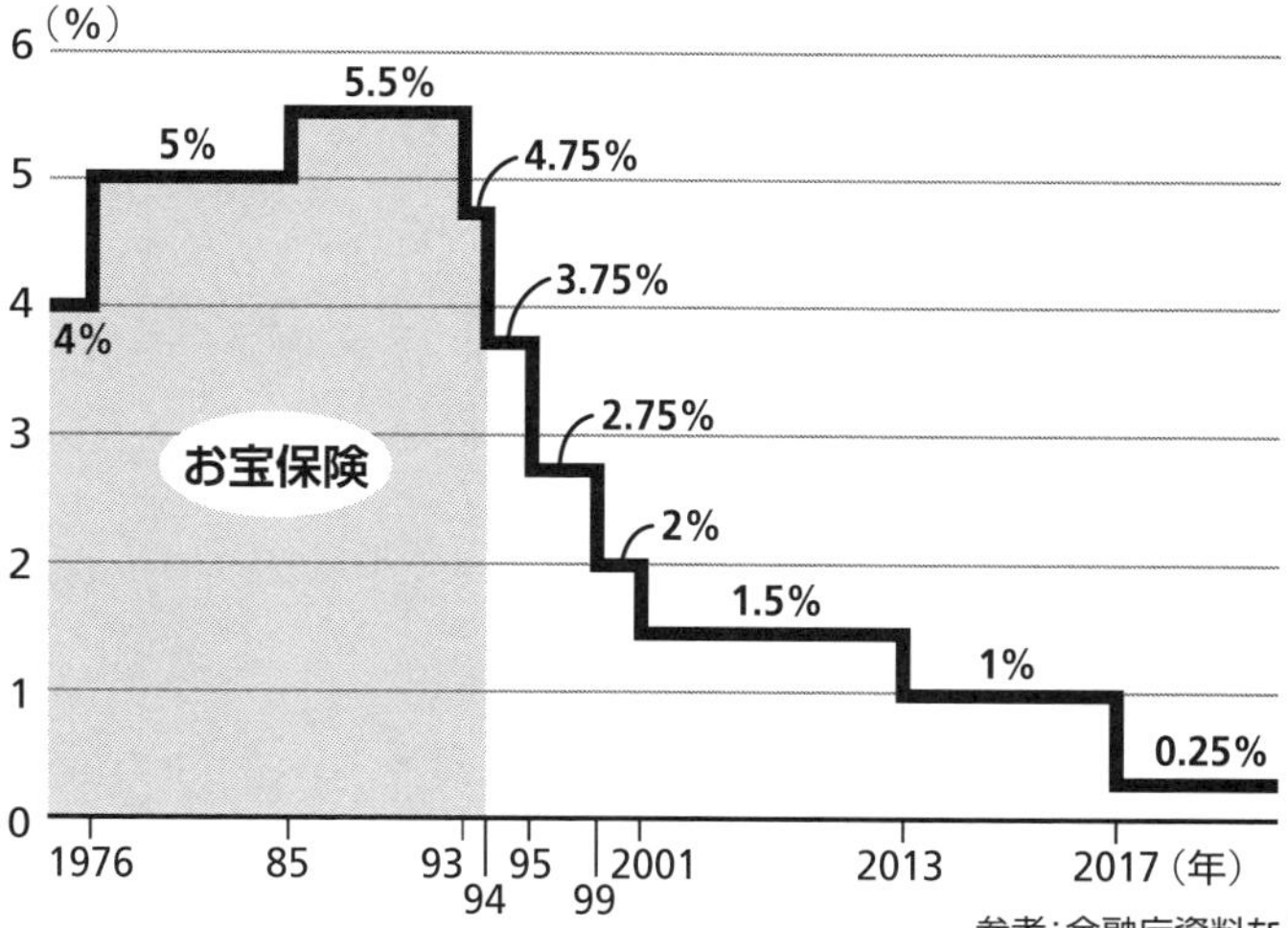

参考：金融庁資料など

この法律改正によって、生保業界の経営の苦境を救《たす》けるために、国民騙し（国民の取り分を減らす）が行われた。日本の金融バブルの崩壊（1990年）のあとの業界救済の措置だ。

いされた保険料から、払いが不足しないようにして、ある程度、割引して組んだ利率のことだ」という。よく分からん。

配当は、予定利率で割引をしたものをそれ以上の資産運用ができれば、資産運用分の利益が出る。予定利率を決めて、それを満たした上で、まだそれ以外に営業の利益があったら、配当に回すということだ、と定義され説明されている。

だが、この予定利率こそは、本当は客（契約者）に必ず還元しなければならないお金のことだ。ところが、客に還元すべき分さえも、あらかじめ割り引いて出した数字だ。昔は3％とか5・5％とかだった時代がある。30年前だ。日本経済が好景気で盛り上がっていた時代だ。バブル・エコノミーの1988年、1989年だ。

あのころは「お祝い金」とは言わなかったが、「お礼金」みたいなのが保険会社からあった時代だ。「3年に1回だとか、そういういわゆる満期を短く刻《きざ》むようなタイプの種類の保険がありました」と彼らは言った。

昔は、企業経営者とか、医者たち相手に「一時払い養老保険」というのを組み立てて盛んに売った。いまは形だけ残しているけど実体はない。「3年で解約してよくて、利益が年率5％で出ますよ」という売り方をしていた。かつ、この掛け金は経営者や医者の個人ではなくて、自分の法人が払っていた。自分の腹は痛まない。そして医者や経営者個人に、保険のお金がガバッと下る形になっていた。そのうちたくさんトラブルになって禁止になった。まさしく、生保版《ばん》の「ファントラ、特金《とっきん》」だ。「一時払い養老保険」は金融バクチ商品だった。バブルが弾け飛んだときに、これでも損をして痛手を受けた人たちが続出した。

生命保険は単なるバクチ、金融商品だ

生命保険という姿を借りた金融バクチだった。例えば、一時払いでバーンと最

初に5000万円とか、1億円を払うと、それが3年で1000万円、2000万円のリターンがあった。しかも掛け金は自分が経営する法人が払って個人にお金が入っていたらしい。

いまはそんな商品はない。予定利率が0・85%の時代というが、実際は逆ザヤになっていて、真実はゼロを割っている可能性がある。例の「マイナス金利」と同じだ。マイナス金利は、銀行業が利益がないものだから、預金者から手数料の名で、やがて預金の預《あず》け賃《ちん》を取ろう、という動きだ。これの生保版《ばん》である。この「生保の予定利率」という、よくよく考えるとワケの分からない数字は、監督庁である金融庁も分かっていて、グルでやっている。客（国民、消費者）相手に煙《けむ》に巻《ま》く仕組みだ。

私は金融の評論家もやっているのに、私自身が騙《だま》された。嵌《は》められた。情けない話である。事実だからこう書くしかない。生命保険会社の資金の運用先は、全国全ての立地のいい場所にある不動産（商業ビル）と、株だ。この二つしかない。これが、この20年で不動産は激しく値下がりしている。株も、この5年は安倍政権で少しは持ち直した（日経平均は2万4000円までいった）が、2019年になると2万円前後にまで落ちた。この日経平均が6年前には1万円を割っていた。だから生命保険会社の経営が成り立っていないのだ。このことが全体としてわかる。それで私たち客にしわ寄せが行く。客を食いものにするしかない。この動きが出ているということだ。

保険会社の社員たちはブローカーみたいなものだから、会社の言うとおりに動いて、客に損をさせている。保険契約の内容のところで初めから損をさせるようになっている。公営ギャンブルや宝くじと同じだ。経営母体が、まずガボッと売上げの4割を取る。このことに私は怒っている。

主張4「今から終身保険の額を大きくして、かつ掛け金を7万円程度に抑えられるのか」

終身保険の額＝返ってくるお金を大きくできるか

4つめの問題点だ。うちの奥さんを怒らせないで、何とか納得させるには、終《しゅう》身《しん》部分を1000万円とかに大きくして、それでもいまの毎月5万6000円の支払いが、7万円いくぐらいに上がることで抑《おさ》えて定期契約（掛け捨《す》てのサギ部分）を1000万円に減らす契約内容に変更することだ。こういうものに変えられるかどうか。それの話し合いは次回にもちこしとなった。

そもそも保険という制度（仕組み）の根本である確率《かくりつ》という考えは、バクチ

（ギャンブル）と同じだ。ギャンブルそのものだ。契約者で死ぬ人が少しでも増えたら、保険会社は払えなくなる。100人にひとり死ぬ（ガンか交通事故で）ならいいのだが、これが100人に4人死ぬ割合（60歳の前で）、即ち、確率（プロバビリティ）が4倍になると、もう払えなくなる。会社の儲けどころか内部の留保金《りゆうほきん》が足りなくなる。そういう仕組みだ、とようやく私は分かった。

未来の不確実性《ふかくじつせい》（アンサーテインティ）、即ち、将来どうなるか、何が起きるかわからないことを予測して、それを「確率○％という数字」にすることでつくられている商品が保険だ。ユダヤ商人が始めた金融業だ。ヨーロッパで16世紀から発達した。

海賊と、スペイン帝国の戦艦と、ハリケーンに遭わないで、東方貿易に出した船が、無事に帰ってきたら、10倍、もしかしたら100倍の利益が出た。しかしもし、その3つのうちのひとつにやられて船が帰ってこなかったら、そのときに保険金を払います、といって保険料（掛け金）を受け取った。この商売をユダヤ商人たちが始めた。1200年代から有った。これが保険というものだ。

だから元々ド穢い人間たちの技なんだ。リスク（危険）を取るだけで何の努力をしなくても、お金だけをバカバカ集めることができる。そこから儲けが生まれる。客の船が、この3つのどれかにヤラれたら、その時は、大金（保険金1億ドル。100億円とか）を払わなくてはならない。その心配だけしていればいい。そのための料率《りょうりつ》を決める。

結局、博打（バクチ）なのだ。バクチという言葉を使わないようにしてやっているのだけれども、もう時代がここまで来たら、みんなで平気でこのことを言えるようになった。

生命保険はギャンブル（バクチ）だ、ということを私たちはこれからは冷酷に表に出していかなければいけない。生命保険という賭場《とば》だ。英語でhouse《ハウス》（胴

アメリカの大手保険会社のメットライフ（元AIG系）、アフラック（元アメリカンファミリー）、プルデンシャル（ジブラルタ）は力をなくした。ヨーロッパ系の割と良心的な生保（スイス・チューリッヒ、仏アクサ、カーディフ）が業績を伸ばしている

ZURICH®
チューリッヒ生命

BNP PARIBAS CARDIF
カーディフ生命

AXA アクサダイレクト生命
redefining / standards

写真イメージ：iStock/Jirsak

客騙《だま》しがあまりにヒドいとその企業は衰退する。

元）という。アメリカの今のトランプ大統領みたいな人たちが、彼も実際にアトランティックシティ（ラスベガスに次ぐ官許のギャンブル場。カジノ。ニュージャージー州にある）で賭博場付き大型ホテルのオーナーをやっていた。そこがギャンブル場で、そこに持ち金を張る人たちが客だ。

事実、もうここまで来ているのに、保険会社はまだ、それを、しおらしそうに隠そうとする。立派なことをやっていると見せようとする。お客（国民）のためになっている立派な企業のフリをしている。元々、生命保険は人間の命というものを種《たね》にしたバクチなのだ。みんなもそう思っている。「死んだら貰える。死ななければ貰えない」と。たったこれだけの単純な真実なのに。それでもなお、私は騙された。こいつらは、最後に、「（私たちは）リスクを背負ってます」とペロリと本音を言った。

県民共済はえらい

世界基準から見たら、日本の生命保険会社は経費の取り過ぎだ。客の保険料（掛け金）から最初に、まず3割をガバッと取るそうだ。ここに生保のおばさん（代理店）の儲けと社員の給料の分が入っている。それが3割だ。残りを客に還元するお金として積むと言う。だがこれも怪しい。客への還元はものすごく少なくなるようにできている。それが前述した見直し、転換、更新という手口だ。ここで客の積み立て金を抜く《ぬ》。現に私は、ほとんど戻って来ない。

外国だと、こんなのは通用しない。経費分は1割だろう。唯一、日本で例外がある。それが「県民共済」だ。県民共済（都民共済も）の経費率はたった3％だそうだ。ニッセイの10分の1でやっている。ニッセイはドカーンと、立派そうなビルを東京駅前に建てて、きれいなお姉さんたちを受付に並べることをやっている。それに対して県民共済は、本当の保険業をやっている。私は県民共済を見直した。今頃になってようやく気づいた。私の奥さんを含めて主婦たちは、ボソボソと話していた。とっても恥ずかしいことだ。我ながら恥ずべきことだ。

日本の保険業界は政府に堅く守られている。あれこれとこの世の露骨な真実をいっぱい書く週刊誌ですら、生命保険会社叩《たた》きをやらない。なぜか週刊誌はこれまで「生命保険はダマシだ」と本気で記事にしない。やっぱりこの業種は特殊に守られている。風穴をあけなければいけないと私は強く思った。自分の恥を忍んで、自分のケースを事実として曝《さら》け出して、材料として国民に伝えなければいけないと私は思い立った。

いまは、80歳、90歳、100歳（7万人ぐらいいる）まで生きる時代になった。それなのに、保険料率の説明で、「30代、40代で死ぬ人の確率が何人で、そのとき保険金《きん》がこんなにおりますよ」と人騙しの話で客を釣《つ》る。保険会社の社員たちの脳はそのようにできている、ということが今回よーくわかった。こいつらバカなんだ。そして私自身がバカだった。実際に70歳、80歳まで生きてきて、それで保険金がもらえるか、もらえないかの問題が、いま切実になっている。国民的課題になっている。実際は、ほとんど貰えない。それなのに、この現実を私たちは見ようとしない。それでお客様相談係を相手に、私はケンカにもならない言い合いをしている。こいつらは初めからワルなのだ。大手生命保険会社に入ってエリートだと思っていたら、40歳ぐらいで、自分たちがやっているのは国民相手のサギだ、と気づく。しかし、もう逃げられない。他に転職する先なんかない。だからサギと金融バクチのこの業界で居座る。

生命保険は、実情は80歳を超した途端に、契約終了でパーで1円も下りない。だが掛け続けて79歳10カ月で死んだら何千万円か下りる。これはある意味でおかしな話なのだ。80歳以上生きる人はいっぱいいる。

「お客様担当部長」氏は、支社時代も含めて、「私がやった苦情件数は1000

件は超えると思います」と私に答えた。「5年で1000件」これらは苦情だ。エージェンシーとやらの名の子会社に移ってから、5年で1000件だ。こういうことを彼はスットボケながらダラダラと私に説明した。

第4章

「転換」という仕組みにダマされた

転換というひどいサギ

保険会社は、ここまでずっと説明してきた通り、転換《てんかん》（見直し）というやつで客を騙して儲けを出してきた。悪質な騙しのやり口だ。これを、ずっとこの業界は今もやっている。代理店を使ってこの仕組みを動かしている。

「契約転換《けいやくてんかん》」という言い方をする。転換契約という考え方は、法律学の中心である日本の民法学の中にはない。典型《てんけい》契約の中にない。これ自体がとんでもない詐欺なのだ。騙しだ。社会的に叩かれなければいけない。最近は「契約の更新」という言葉にすり替えることもする。ところがこの「更新」は、私たちが考える「契約の更新」ではない。これまでの契約をブチ壊しにするのだ。私たちが普通に考える「更新」は、貸家や貸し室（賃借《ちんが》りマンション）の契約が2年ごとに自動更新して、前の条件のまま契約が同一な仕様で継続することを言う。

ところが、生保《セイホ》業界の「更新」は前の契約の内容を破壊して、彼らのいいように作り変え、私たち客が積み立てた資金を盗みとって、まったく新しい契約に変えてしまうのだ。驚くべき悪質な手口である。この転換をやる度《たび》に生保のおばさんの儲け（取り分）が何十万円か出る。本社も取る。さらに、輪をかけて経費をとって、その分はお客が払っている掛け金の中からゴソッと引き抜いていく。

「保障見直し」とか「保障追加」とも最近は言うようだ。何が保障見直しだ。

この契約転換、見直しに保険会社の大きな騙しの手口がある。ここに客騙しの秘密の仕掛けがある。ここには、銀行からの融資の「借《か》り替《か》え」と同じで、客に損をさせる仕組みが隠れている。「融資《ゆうし》の借り替え」は複利《ふくり》計算（compound《コンパウンド》 interest《インタレスト》）になるからだ。

既《き》契約条件と契約内容を訂正、修正した、新しい契約を、保険会社が以前の契約を勝手に捨てて、自分たちの利益を出す。

転換は問題である。見直しという言葉も問題である。法律学（民法学）の契約内容の「変更」と違うではないか。それを保険会社は、自分たちの利益を出すための営業活動の大きな柱にしている。ここで契約者からぼったくりをやっている。「10年に一度の見直し（転換）」のところで、客に分からないように、バレないように、損をさせる仕組みになっている。自動車や電気製品の下取り、という今やインチキくさい手口と同じだ。とくに金融商品は、こういう詐欺的性質をどうしても持っている。ここには「お金がお金を生む」という根本のところからの、まやかしである。

保険会社は、自分たちが「商品」と言っている生命保険が客騙しだ、と重々《じゅうじゅう》わかっている。病気をするか、死ぬという不確かな未来のことで人々を不安にさせておいて、保険会社は契約させているのだ。客は、死ぬ、病気する、事故に遭う、という心配で入ってしまう。

客の都合で、客の要望があって、転換や見直しをするのではない。保険会社と保険のおばさんと本社の大きな利益になるからやるのだ。毎月の掛け金（ほとんどが掛け捨て）で騙し、さらに見直し（転換）で騙す。全く新しい客が入った感じにして、自分たちの売り上げを上げて利益にしている。この見直し（転換）を一件するだけで、保険のおばさんが50万円ぐらい、会社も50万円儲かるようになっている。私はこの正確な金額をこれからも追及する。彼らはイヤがっている。日本の生保の加入者は、ぼったくられ、ふんだくられて、しかもそれに気づかずに何十年も掛け金を払い続けている。

私はようやく、この金融詐欺の仕組みが分かってきた。自分の体で痛《いた》い思いをして、このことを知った。世の中は騙《だま》しだらけだ。立派なビルに大きな看板をかけている、この生命保険という連中は、とんでもない人間集団だったのである。

保険会社を騙してやろうと思っているやつらの方が子供だ。1億円の保険金を取ろうとしているやつが、手練手管《てれんてくだ》である生保に勝てるわけがないのだ。

営業職員のおばさんたちに新しい商品を持たせて、それをおしつけてくる。本当は、私のように長いこと掛けてきた人間を大事にしなければいけないのに。新しい商品が出てきて、「これまでよりも客に有利な商品です」という謳《うた》い文句にすることがおかしいのだ。「これまでより客に有利」なんか出来るわけがないだろう。商品開発と言ったって自動車や電気製品の品質改良とは違う。お金を預って組み立てているだけなのだから。「多様なニーズに応えます」なんて、うそを言え。ハンバーガーやコンビニの商品揃えのフリなんかするな。新商品をつくると言ったってハンバーガー屋とは違うのだ。こつこつ真面目に工業製品や食品メニューを売っている会社（企業）は偉いのだ。おまえたちとは違う。

長く入っている客を大事にするという考え方を肝に据えないとおかしい。それなのに、私の場合この25年間の間に、途中、途中で、何もいいことはなかった。

NHK「クローズアップ現代+」（2018年4月24日放送）で、郵便局員が高齢者に生命保険を押し売りしている実態が暴かれた。他の生保はもっとヒドい

出典：NHK「クローズアップ現代+」2018年4月24日放送
https://www.nhk.or.jp/gendai/articles/4121/

「支払う金額のほうが保障よりも大きい。意味のない保険と、まず思った。ありえないでしょと」と、体験者の言葉が続く。だが、この簡保《かんぽ》はまだマシで良心的な方なのだ。「2006年の郵政民営化」で、「簡保《かんぽ》株式会社」にアメリカの圧力で無理やりさせられた。他の生保各社はこれよりも悪質だ。

転換、転換でやられてしまった。これにみんなも騙されている。

商品の売り方と取り扱い方、そして客への利益の還元。当然、客が受けるべき利益のところからしておかしいのだ。そもそも「金融商品」と言ったところから騙しが始まっている。お金が放っておいてもお金を生む、と考えること自体が騙しなのだ。

最近は「お客さまのために」という宣伝言葉を使わなくなっている。言えなくなったのだ。40年、50年前は、自転車に乗っていた日生のおばちゃんの立派なテレビコマーシャルをやっていた。世の中の役に立っていたのだろう。いまはもう世の中の役に立っていない。それどころか邪魔をしている。自分たち生保の社員たちが生き残ろうと思って、客（契約者）の掛け金に集《たか》って、そこから自分たちの生活費（給料）をまず3割引き抜いて、食い扶持《ぶち》にして、山分けばかりやっている。こういう業界は社会的制裁を受けるべきだ。必ず近いうちにそうなる。

デフレ不況が11年前の「リーマン・ショック」（2008年9月）による2009年からあとも不景気が進んでいる。ただし安倍政権は、景気は上向いて回復しつつある、と言い続ける。そうしないと自分たち政権担当者の責任問題が出るからだ。不景気即ちデフレだから、お金（現金）の価値がものすごく上がっている。

この25年間で、5倍ぐらいは違う。私が5000万の生命保険に入った1994年頃は、5000万円は、バブルの余韻《よいん》で大した額でなかった。今から考えると信じられない。バブル真っ盛り（1990年）から4年が過ぎたばかりでどうという額ではなかった。

いまは違う。今の5000万円は大金だ。いまはお金（現金）に力がある。それで普通の生命保険に入る人は、最近は減っていると私は思う。毎月3万円の掛け金を払えないのだ。

転換すると前までの契約が下取りになる。ここがサギだ

やはり転換価格がクセものだ。いまは「保障見直し価格」という言葉を使うそうだ。「下取《したど》り」だ。契約をウソの「更新」に見せかけて、実は転換の度《たび》に解約（＝契約終了）させて、それまで払っていた保険料（掛け金）の総額がドンと減って、残りカスが次の新《しん》契約に「充当《じゅうとう》」される。

ここがおかしい。私は困っていないのに、なぜ保険会社の言うがままにせかされて、契約内容が「見直し」されることで、次の新契約でそれまで支払って積み立てていた資金がボッと減る。減った分は、生保のおばさん（代理店）と会社の儲けになる。それなのに保険会社は「新規で入られる方と比べて、保険料が転換価格に充当させているからお得です」と言う。ウソを言え。「転換を利用したことによって、転換価格によって、保険料が割り引きされています」と言う。完全にウソだ。

郵便局員が勧誘する簡保《かんぽ》にも問題があるようだ。それでもまだましだ。NHKは他の生保各社は叩《たた》けない

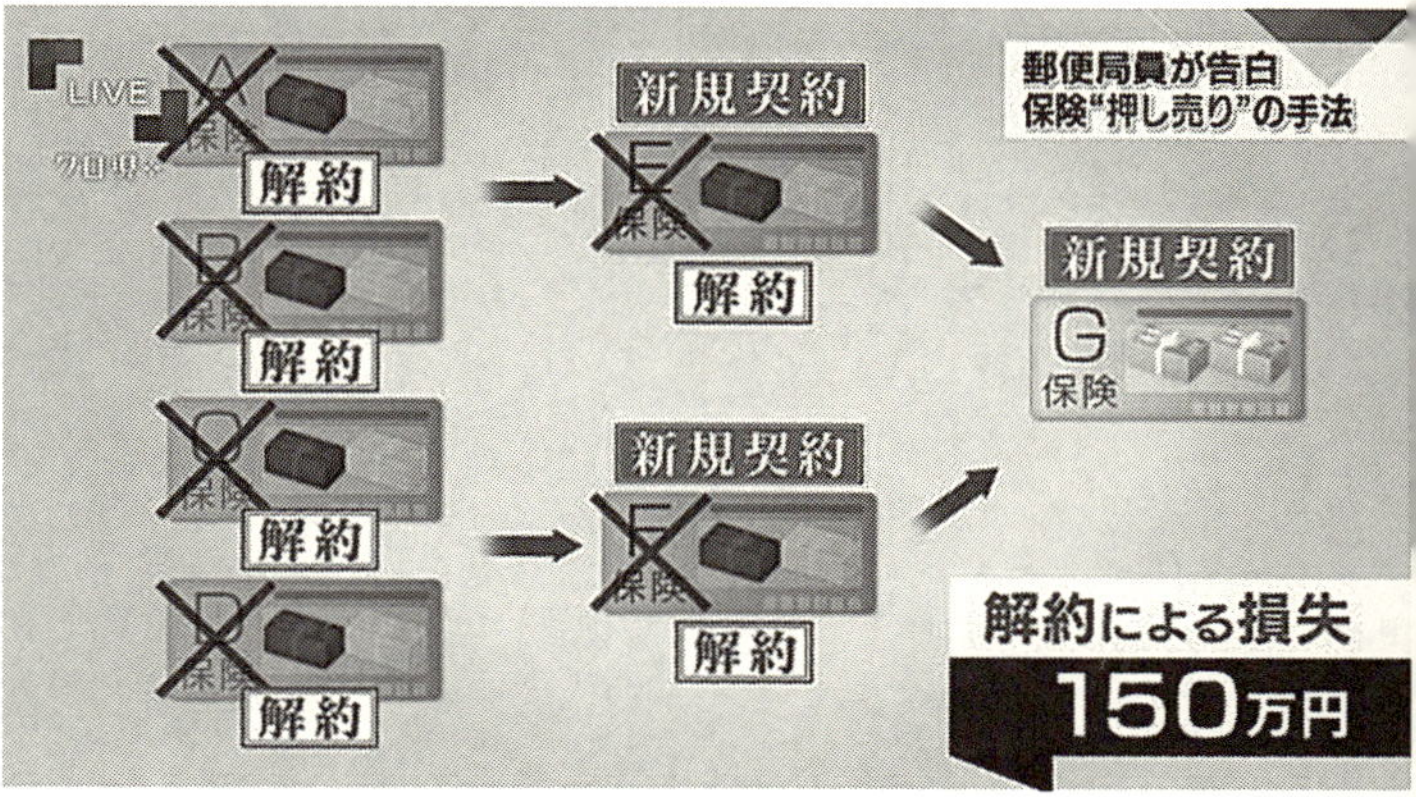

出典：NHK「クローズアップ現代+」2018年4月24日放送
https://www.nhk.or.jp/gendai/articles/4121/

短期解約とは、「契約期間の途中で解約させて、払戻金《へんれいきん》で新たな保険に加入させる手法」だ。払戻金が減り、客が損をすることを十分説明しない。「見かけ上の契約件数を増やすことが目的だ」と明らかにした。保険会社各社がしている「転換」と同じ構造だ。

勝手に割り引きしたことにするな。私が払い込んで積み立てたお金だ。私のお金だ。それを他の人の契約と比べることなどできない。私は私の自分の契約の話をしているのだ。「他の契約に比べるとお得です」というサギ言辞《げんじ》をセイホ業界は使う。私にとって、転換が何の得になっているか。何の利益にもなっていない。積み立てた掛け金をどんどんいいように減らされた。そして転換、見直しの度に減ってしまった正確な金額を客には教えない。そういう仕掛けになっている。私はここを糾弾する。

最初から保険会社は「(契約には)いろんなタイプがございます」と逃げ道を作っている。だが実際には、客をひとつの契約に追い込んでゆく。「これがお客さまにピッタリのおすすめプランです」と、彼らにとって都合のいい契約を押し付ける。それをまんまと、上手に売りつける。彼らは客が損をすることを、よくよく知っている。

繰り返すが欧米諸国で生命保険を扱う人々は、「insurance policy《インシュアランス　ポリシー》を売る」という言い方をする。代理店は、生保各社のあらゆる保険を客に示しながら教える。しかし日本は、特定の保険会社のおばちゃんがきて、自分が得をする商品だけを押し付ける。

そして「10年見直し」というコトバで、転換、転換と言いながら、そこで自分の利益を出して手数料をとる。毎回、毎回、見直ししませんか、と言って、自分の営業成績を上げたいだけなのだ。私はこの見直し（転換）を25年間の間に3回やられていた。

客にとって利益が大きい「終身保険」の部分には見直しはない。できないようにしてある。もし終身部分の金額（満期後に客が死んだときに受け取る部分）を大きくすると、毎月の掛け金はガバっと上がる。私の場合、この終身部分を、現在の100万円から5000万円にすると、それだけで月の掛け金は、今の5・6

万円が7万円くらいになるようだ。定期保険特約。こっちがたちが悪い。これの別名が「いざというときの保障を大きくしてあります」である。そしてこの「定期に見直し（転換）」のところで、10年と期限を勝手に決めて、これでどんどん契約を作り直して、新《しん》契約に変える。「下取り」とも言う。これがこの業界の手《て》練《れん》手《て》管《くだ》の詐欺なのだ。

これで新契約に作り変えて、前のは打ち捨てる。何が継続されたのか、客はさっぱり分からない。客には教えない。私はここを追及し続ける決意だ。ここで契約の実質を骨抜きにして「掛け捨て」にしてしまう。だから客は何もしないのがいいんだ。何もしない、とこいつらが困る。新たな収入（利益。客の損失）も生まれない。

あのM氏は、「定期型」の他に、「初めの契約のときに『全《ぜん》期《き》型《がた》』が有ったのです。副島さまは、そちらに入るべきでした（残念です）」と言った。「全期型」を

平成25年（2013年）10月30日に、「転換契約無効請求の裁判」が打ち切りになった。保険会社は、説明責任を果たした、となっている

［事案25-47］転換契約無効請求

・平成25年10月30日　裁定打切り

〈事案の概要〉

自分と面接せずに契約が締結されたこと等を理由に、契約転換の無効および慰謝料の支払いを求めて申立てのあったもの。

〈申立人の主張〉

平成15年1月、定期付終身保険を、定期付終身保険の生活保障特約に特約転換契約した。以下の理由により、特約転換を取り消し、慰謝料を支払ってほしい。

(1) 募集人は、自分（契約者）と面接していない。

(2) 募集人は、契約手続を行った自分の配偶者に対しても、転換前契約の転換価格が転換後契約の生活保障特約に充当されることや、転換後、解約返戻金が減少することを説明しておらず、契約のしおりや重要事項説明書を交付しなかった。

出典：生命保険協会資料

自分たちが使っているセイホのおばさんを、セイホ協会はここで「募集人」と呼んでいる。「外交員」とも呼ぶ。「外交さん」とは、かつてバーのホステスのことを指し、それとの類推から産まれたコトバだ。「社交員」とも言った。隠微《いんび》かつ淫靡《いんぴ》な意味が元々ある。

知らなかったオマエがワルい。だからオレたちの勝ちだ、という残忍な表情を、うつむきながらもやった。このときニヤリと笑った顔をした。この人は、お客様係という、社内でもイヤがられる職を何十年もやってきたのだ。そして、今のこの時点で本性《ほんしょう》を顕《あらわ》した。「全期型《ぜんきがた》」という更新（転換）しないタイプもあったのです。残念です、だと。これを勧誘員（外交員ともまだ使う）はほとんど勧めない。この「全期型」が、客にとってものすごくいい契約だ。こっちが世界基準での生命保険だ。掛け金と条件がずっと変わらないのだ。営業のおばさんたちはお金が欲しいし、利益を出したい。だから掛け捨ての「保障が大きいですよ」の「定期特約」ばかりに入《はい》らされる。

「経費率1割」で、9割は満期でお客に返す形の積み立て方式の生命保険を売るのが、真っ当な保険会社のやることだ。それを**県民共済**はやっている。それに比べると、他の保険会社は、ぼったくり商品ばかり売っている。許しがたいことだ。

「保険転換」のサギを簡単に説明したすばらしいブログ記事があった。

●「転換契約」による資産の搾取《さくしゅ》の仕組み

（生命保険の）転換契約とは、通称「下取り」とも呼ばれているが、現契約を解約し、その時発生する解約返戻《へんれい》金を、新たに加入する契約の保険料に充当する契約のことである。

こう書けば、車の「下取り」を連想して、何も疑義を感じないかも知れないが、車と保険では、根本的な違いがある。車は、新車の方が常に品質に優れ、きれいで快適である。

しかし、転換によって新たに締結する保険は、常に積立部分が減って掛捨て部分が増え、保険料は、契約年齢が上がった分高くなり、予定利率は前契約より確実に下がる。だから積立部分の将来受取金額は必然的に下がる。つまり、転換は、契約者の損失を生む制度である。

実は、(客にとって有利である)積立型の生命保険は、保険機能を持った価値の高い資産商品である。とりわけ、高金利時代に契約した終身《しゅうしん》保険や養老《ようろう》保険は「お宝保険」と言われて、数ある金融商品の中でも、抜きん出た商品価値を持っている。その「お宝保険」を解約して掛捨て保険に切り換え(させ)るのが、転換契約の実体である。

(出典「いつも心に良心を　詐欺、苛め、トラブルに立ち向かうためのノウハウ」
http://miky.sakura.tv/uso/life-insurance/tenkankeiyaku2　２０１６年９月17日
傍点、引用者)

まさしく、これだ。あーあーあーだ。私はまさしくこれにダマされたのだ。ここに書かれていることが真実だ。転換＝見直し＝更新で、「お宝保険を解約して（させて）、掛け捨て保険に切り換えさせる」のが、生保の契約転換である。私たちは今こそ怒るべきだ。私たち日本国民（で普通の生保に入っている人たち）は、みんなダマされているのだ。団信《だんしん》（団体信用生命保険）とは違う。団信《だんしん》は、住宅ローンの担保《たんぽ》（権利質《しち》という抵当権《ていとうけん》）として銀行に差し出してある。だから政府（金融庁）が業者たちに目を光らせているからダマシができない。

保険の転換と予定利率の関係

日経新聞の2010年10月11日付に、次のような記事がある。「生命保険の転換に関する体験談風の記事」になっていてトボケているが、本当のことを書いている。大《だい》新聞もテレビ局も週刊誌さえも、生保業界を敵《てき》に回すことをイヤがって真実を書かない。生命保険業界がどんなにキタない手口を使っているかを書かない。客騙しは昔からずっと行われてきた。保険会社は契約者が死んだときの保険金を払いたくないので、「予定利率が5％とか高かった」昔の保険商品をどんどん解約させて、転換させることを自分たちの仕事の中心に置いている。今の予定利率は0・75％だ。

●「保険の転換、気をつけて 生命保険は誰のために」

「大手生保の営業って、本当に変わらないな、ってびっくりしましたよ」。金融機関に勤務するAさん（48）は、苦笑混じりにそう話す。

Aさんは1990年代前半に、国内大手生保で終身250万円、定期

4750万円の死亡保障に加入した。現在の保険料は月に2万円台半ばだそうだ。

昨年春ごろ、その大手生保の営業職員である40代の女性が訪ねてきて「50歳で更新になり、保険料が4万2000円に上がります。この機会に保険を見直しませんか」と薦められたという。

職員のお薦めは、医療保障を重視した同社の新しい保険。「現在入っている保険を解約してその保険に入り直せば、医療保障は手厚くなる一方で、保険料は2万8000円ですみます」と言う。

このように契約中の保険を下取りに出し、同じ保険会社の別の保険に入り直すことを「転換」という。このままなら50歳以降は4万2000円に上がる。だから、一見お得な話だ。

しかしAさんは仕事の必要性からファイナンシャルプランナー（F

P）の資格を持っていて、保険にある程度の知識がある。このため提案内容に疑問を持った。

保険商品は、期待利回りである予定利率をもとに、保険料が決まる。予定利率が高いほど、保険料は低くて済む。

例えば貯金して10年後に100万円を得たい場合、利回りが年1％なら最初に約90万円貯金しなければいけないが、利回りが年10％なら最初に40万円弱入れるだけで運用で大きく増え、100万円になるのと同じだ（中略）。

Aさんが加入した90年代前半は、予定利率が高く、5・5％だった。よく言われる「お宝保険」だ。Aさんはその職員に対し「解約して新たに入り直したら、予定利率は現在の平均的な水準である1％台半ばに下がってしまう。不利じゃないですか」と疑問をぶつけた。

「そしたら営業職員が、ちょっと斜め上を向いたまま『予定利率ですか、上がりはしないかもしれませんねぇ』って言うんです。びっくりしましたよ」

（日本経済新聞2010年10月11日　傍点、引用者）

　これが真実だ。これこそが真実だ。このAさんは賢い。このAさんのと私の契約内容はほとんど同じだ。Aさんの契約時期と全く同じ1994年に入っているから「お宝保険」だ。予定利率は、5・5％あった。それを3回、転換＝見直しさせられて、まんまと騙されて、今は、予定利率は0・75％だと私は言われた。
　保険業界はこういう客騙しを、「お客様のために」、と空々《そらぞら》しく唱《とな》えてずっと平気でやってきた。何という人たちだ。

この日経新聞の記事の最後に、「しかし生命保険協会によると、09年度も約520万件の転換がなされ、これは新契約の6割弱に達している」と書いてある。ものすごい数だ。こんな一年間に「520万件」だ。このものすごい件数の騙しをやっている。2009年（リーマン・ショックの翌年）でこれだ。今もこの数の騙しをやり続けている。唖然とする。

第5章
私たちは長生きする。保険はどうなる

満期の人が大量に出る問題を保険会社はどうするのか

これから先は80歳になって契約終了の満期がくる。この「契約終了」や「満期」という言葉が、どうも生保業界にはない。彼らは使うことを避ける。さらに高齢者を騙《だま》したいからだ。どう考えてものすごい数で契約者が満期になる。80歳以上生きる人がたくさん増えた。保険会社はほとんど死亡保険金を払わないで済む上に、さらにダマしの手口を考えつく。

さんざん自分たちが客（国民）を喰いものにして「信用のある一流企業でございます」という顔をして、生きのびて来た。そして金融不況の中で生保も、銀行や証券会社に負けず劣らずのたうち回っている。その間《あいだ》に、契約者（国民）がどんどん80歳になって、そして、「え。生命保険から何も貰《もら》えないの。何十年も掛けてきたのに」と怒り出している。この怒りの大爆発がもうすぐ起きるだろう。

「外貨建て（通貨選択型）生命保険」という危険な商品が、問題になっている。それと高齢者（80歳以上）向けの新しいダマシ商品が出ている

写真：著者

「外貨建て」とは、米ドルやブラジル・レアルや、南アフリカ・ランド通貨などの外貨建てにして、数年後に為替レートが下落（円高になる）して、受け取り額が2割とか減る。そうやって客に損をさせる。こういう商品まで開発している。

私はこのように予言する。

保険会社は大きなビルで立派そうにしている。国民の長生き問題が出てきたのはまさしくこの20年の話だ。生保各社の部署で、長生きした老人相手に保険の掛け金をさらに払わせるダマシの仕組みを考え中である。

商品開発部だ。そこで新しい詐欺商品をつくる。80歳の老人相手に、100歳になったら大きな保険金ではないですが年金《ねんきん》がもらえます、というダマシ商品を売り始めた保険会社は、「ご契約時のとおりの契約内容でございます」と鬼《おに》の本性を露《あら》わにして居直った。私の目の前にいたのは鬼たちだ。人間を獲って喰う鬼だ。

結局、毎月の払いが3倍になるのは、死亡率が高まるから、らしい

私の2回目のニッセイでの話し合いのとき、広報部の人間が出てきた。しかし、私の毎月の払いが、私が68歳から、なぜこれまでの3倍になるのか、答えられな

厚生労働省HPに載っている平成29年の簡易生命表（男）

簡易生命表

年齢 x	死亡率 ${}_nq_x$	生存数 l_x
50	0.00254	96 846
60	0.00646	93 030
61	0.00713	92 428
62	0.00787	91 769
63	0.00870	91 047
64	0.00966	90 255
65	0.01072	89 383
66	0.01189	88 424
67	0.01312	87 373
68	0.01437	86 226
69	0.01566	84 987
70	0.01713	83 657
71	0.01880	82 223
72	0.02062	80 678
73	0.02256	79 014
74	0.02467	77 232
75	0.02690	75 326
76	0.02956	73 300
77	0.03280	71 133
78	0.03680	68 800
79	0.04151	66 268
80	0.04681	63 517
81	0.05277	60 544
82	0.05954	57 349
83	0.06730	53 935
84	0.07607	50 305
85	0.08606	46 479
86	0.09729	42 479
87	0.10953	38 346

出典：厚生労働省「平成29年簡易生命表の概況」
https://www.mhlw.go.jp/toukei/saikin/hw/life/life17/dl/life17-06.pdf

この表は生保を考える上でものすごく重要である。日本人はこんなに死なないのだ。65歳で「100人にひとり」しか死なない。

かった。唯一私がわかったのは、毎月の支払いが上がる理由の一つに「客の死亡率が上がるから」というものだった。

「死亡率が60歳と70歳とでは、2・7倍違う」そうだ。ということは私は65歳だが、68歳になると死亡率は2倍くらいになる。厚生労働省が出している「簡易生命表」というのがあった。これを出してきた。ニッセイがこの数字を使っている。生命保険各社が「参考にしている」数字だ。

それで、ははあ、そうか。分かったぞ。65歳から70歳あたりで死亡率が2倍になるのだ。だからと言って支払い金額（毎月の掛け金）が急に3倍になるのは、なぜか。なぜ私はこれまでの3倍払わなければならないのか。私は今も追及している。どうやら、ここらで契約者を追い出そう、という腹《はら》でもある。80歳までの間で死なれて5000万円渡すには、これぐらいは払わせる、という計算である。その計算式（金額の根拠）を出せ、と私は要求している。なぜなら私はすでにこの契約に嵌《は》められて逃げられないからだ。

「転換でお得」とは、同じ年齢で他の会社に新たに入り直す金額との比較

保険会社がしきりに「お得、お得」と言う。それは同じ65歳の年齢で、「他社の保険に、新しく入り直したとき」と比べて、ということが、わかった。とんでもない「お得」である。この齢になってから新規で入り直す契約と比べて、「お得」と言っている。何というやつらだ。私が苛立《いらだ》って、この真実を突きつけたらキョトンとして、まるで「かわいい仔犬」のような顔をした。盗人猛々《ぬすっとたけだけ》しい、とはこのことだ。

私が、他の保険会社で68歳で新しく10年間の定期保険に入ると、今の契約を更新（転換、見直し）するよりもずっと高くなる、だと。それだけのことなのだ。

そのくせ、「今でしたら、外資系の保険で、5000万円の保険金で、重点保

障（掛け捨て、だ）で毎月の掛け金が、（副島さんの）3分の1のがありますよ」と後日、白状した。

私は総額1460万円払っていた。解約したらパーだ

毎月5万6000円払い続けて、そして私にとっての利益とは何だったのか。金融バクチ商品だから、私がコロリと死んでいたら家族に5000万円が下りた（払われた）のだ。この一点である。こんな詐欺会社と長年、付き合ってきた私がバカでしたといって、いまさら、もうやめたほうがずっとラクだ、というわけにはゆかない。私は逃げるに逃げられないのだ。

裁判をするのは、ニッセイが転換というサギ行為をしたという証明を私がしなければいけない。本当はこんなに減ってたったの100万円だ、という証明を私が裁判所にしなければいけない。

みんな長生きで死ななくなった。だから、わざと保険料（掛け金）を安くするようになった。高額保険金がなくなった。その分、保険会社の収入が減る

死亡保険値下げへ

来春 基準改定

生命保険各社が商品の保険料を決める際の基準となる「標準生命表」が来春、11年ぶりに改定される見通しとなった。長生きする人が増えたことを反映するため。来春から終身の死亡保険料は値下がりする一方、医療保険は値上がりする方向で保険料が変わりそうだ。

標準生命表は、平均余命などを男女別、年齢別にまとめたもの。生保の契約者のデータをもとに保険商品設計の専門家でつくる「日本アクチュアリー会」がまとめている。標準生命表の数値より長生きする人が増え、実態とのずれが大きくなったため、同会は2007年以来11年ぶりに改定する方針を固めた。来年4

長寿反映　医療保険は値上げ

出典：2017年3月28日（火）「朝日新聞」

しかし長生きすれば病気にもなる。と不安にさせて、保険会社は医療保険を値上げし、細く長く支払わせる。

私が転換、見直しで騙されながら、これまで24年間に支払っている総額は、正確に細かく計算したら1239万1970円になるそうだ。このあと、5万618円を半年以上払っているから、それを足すと、総額1300万円ぐらいだ。ああ、当初思っていた1600万円、1700万円も払い込んでいなくてよかった。本当にホッとした。

解約したら、終身のお金100万円は返ってくるのか。聞いた。本当は、この「終身」にも、普通は「払い止め」というのがある。簡易保険では65歳で支払い終了、即ち「払い止め」になって、終身部分のお金が戻る。それが普通の世界中で通用している商品だ。

しかし私の場合は、解約してもこの「終身」すら返ってこないことがわかった。「生きておられる限り」払い続けるという契約になっているそうだ。だから100万円すら、戻ってこないことがわかった。

だけど「終身部分は65歳で支払い終了」というのが基本のはずなのだ。世の中の常識として。それを無視して、「お客さまがこのことを初めから納得してお入りですから」と、ここで冷酷な鬼の顔になって、彼らは言う。このときの無表情はものすごい。鉄面皮《てつめんぴ》というやつだ。「それが契約ですから」と勝ち誇ったような顔をしている。相手（客）をまんまと騙してやったぜ、ハハハ。という、まさしく、この世の真性の鬼たちの顔だ。これが日本の生保の真実の姿だ。だから合意なんてないも同じだ。

さあ、この本の最後に、私はもっと本当のことを書く。この世の真実だ。生保《セイホ》業界が今も公然と抱える暗部、恥部である。保険勧誘の生保レディ（女性外交員。募集人だそうだ）たちの多くは体をはって契約を取っている。このことが、P187に載せた「生保レディが保険会社を訴えた」の記事（朝日新聞の2018年8月24日）の形で表に出た。

私がこのように書いても、もう生命保険業協会は私に抗議したり裁判に訴えたりはできない。自分たちが長年の慣行としてやってきた真実を、世の中の人々は知っている。「そんなこと言われるのは心外《しんがい》です」とニッセイの男は私に言った。これが彼らの決まり文句だ。客たちからの大量の苦情以外に、こんな「業界内部からの反乱」の裁判までが起きる時代に突入したのだ。「業界は襟《えり》を正します」ではもう済まない。

生保レディがとうとう会社を訴えた

今は生保レディと言うのか。私たちの頃は、保険のおばちゃんだった。彼女たちが文字どおり体をはって、肉弾攻撃で客をとろかして、契約を結んできた。保険会社は、「知らぬ存ぜぬ」で、「当社はそのような行為に関係しておりません」と長年、言い張り続けた。

生保レディが保険会社を訴えた

保険外交員の女性が会社提訴　「顧客宅で暴行未遂被害」

保険料を回収しようと訪問した先の顧客の男性から暴行を受けそうになったのは雇い主が 安全配慮義務 を怠ったためだとして、 岡山県 内在住の３０代の女性が２４日、勤務先の「 住友生命保険 」（ 大阪市 ）を相手に４４０万円の損害賠償を求める訴訟を 岡山地裁 に起こした。

原告側の代理人弁護士によると、女性は正社員で雇用され、２０１３年から保険外交員として県内で勤務を始めた。１６年５月、保険料回収のため顧客の男性宅を訪問した際、男性から暴行を受けそうになり腕を打撲するなどのけがを負ったほか、 適応障害 を患うなどした。１７年に労災認定を

出典：2018年8月24日「朝日新聞」

これまで生保レディといわれる営業の女性たちがどれだけ体をはって契約を結んできたか。保険会社はもう無視できない。

だが、あのおしろいプンプンの営業女性たちの部屋の実態を、これ以上、どうやって隠せるのか。ついにこのことが問題になって公になった。これは、住友生命保険だ。

●保険外交員の女性が会社提訴「顧客宅で暴行未遂被害」

保険料を回収しようと訪問した先の顧客の男性から暴行を受けそうになったのは雇い主が安全配慮義務を怠ったためだ、として、岡山県内在住の30代の女性が8月24日、勤務先の「住友生命保険」(大阪市)を相手に、440万円の損害賠償を求める訴訟を岡山地裁に起こした。

原告側の代理人弁護士によると、女性は正社員で雇用され、2013

年から保険外交員として県内で勤務を始めた。16年5月、保険料回収のため顧客の男性宅を訪問した際、男性から暴行を受けそうになり腕を打撲するなどのけがを負ったほか、適応障害を患《わずら》うなどした。17年に労災認定を受け、現在は休職中だという。

原告側によると、女性が被害を受けた2カ月前にも同社の従業員が訪問先の顧客に暴行されそうになる事件が発生していたという。原告側は、同社には従業員の安全確保のための配慮が必要だったにもかかわらず、複数人で対応させるなどの措置を講じなかったと主張している。

女性は24日、岡山市内で会見し、「保険外交員はほとんどが女性。被害で苦しんでいる人のことを知ってもらい、外交員の身の安全のための体制整備につながって欲しい」と訴えた。

同社の担当者は「訴状が到着していないのでコメントできない」とし

ている。

(朝日新聞　2018年8月24日)

彼女の「外交員の身の安全のために」の最後の言葉が重い。新聞記事にははっきりと書いてないが、暗黙《あんもく》で会社が彼女たちが体で契約を取ってくるようにと唆《そそのか》している。

私はかつて、ニッセイのビルの中でお化粧の白粉《おしろい》プンプンの若い女性たちの姿を目撃している。職場の机でお化粧をしていた。こういうことを何十年もやっている。戦争で夫をなくした戦争未亡人たちが、まずこの枕営業を始めた、いや始めさせられた。これがこの業界の体質であり、真実だ。知らぬとは言わせない。

そしてさらに時代が変わった。保険会社は今の事態に本気で対応を迫られるだ

1979年（昭和54年）に、コラムニストの故《こ》・山本夏彦氏は、「週刊新潮」に生保レディの真実を書いた。生命保険協会から猛抗議を受けた

保険会社だいきらい

山本夏彦

日支事変で、わが軍の旗いろがまだよかったころ、上海の日本人経営のキャバレエは、軍、官、民の客で足のふみ場もないほど賑わったという。

それなのに見ると、卓をかこんで酒くみかわしている異様な一団がある。女たちは遠まきにして近よらない。あたりに妖気のようなものがただよっている。

何ものだろうと問うと、女給は声をひそめて、女郎屋の主人たちだと言う。女を売買して金儲けする者どもで、いくら札ビラを切っても、だから誰も近よらないのである。

なに君だってその女を買うじゃないかと、彼らが言うこと、吉原や品川の遊郭の主人が言うに似ているが、どんなにいきまいても、それは世間に通らない。女を売って儲ける者は、昔はこうして制裁された。

私が保険会社を憎むのは、その制裁をうけないからである。生命保険の外交は女である。外交のなかには、月に五十万百万かせぐのがいると聞いて、外交志願の主婦や未亡人はあとを絶たないが、親戚知人に義理で加入してもらって、お次と交代して去るものが多いことご存じの通りである。

外交員は去っても、契約は残る。外交員でながく残るのは、加入してやるから今夜オレの言うことをきけと客に言われて、勇んで言うことをきく者に多いという。帰りは毎晩十一時十二時になる。亭主は薄々知っているが、知らないふりをしている。

最も知らないふりをするのは会社で、外務員は社員ではないとそっぽを向くこと、新聞社が拡張員は社員ではないとそっぽを向くに似ている。

私は保険会社の最新式のビルを、明治大正昭和、何十万の女の膏血をしぼって成ったのはこれかと、仰いで見ることがある。

出典：「週刊新潮」1979年8月16日号

ろう。自分たち自身が知らん顔をして（世の中。世間《せけん》。人々は知っている）こんなことをやって来たことの報《むく》いがついに生保自身に襲いかかる。

ここにひとりの勇敢な言論人がいる。コラムニストで有名だった山本夏彦《なつひこ》氏である（2002年に87歳で逝去）。彼は、自分の連載コラムで「保険会社だいきらい」を書いた。生保の実態と真実を公然と暴いた。P191に全文を載せる。山本夏彦は、世の中の真実を書いて伝える言論人の鑑《かがみ》である。私にとって偉大なる先人であり、先生である。

彼は1979年（昭和54年）にこのように書いた。

山本夏彦は、続けて書いた。「生命保険の外交は女である。……加入してやるから今夜オレの言うことを聞けと客に言われて……帰りは11時、12時になる。亭主は薄々知っているが、知らないふりをしてる」と。

この山本夏彦の文章に怒った生保業界は、出版社（版元《はんもと》と言う）にねじ込んだ。

「私はあらゆる保険を信じないばかりか、モーゼンたる敵意をいだいている」と故《こ》・山本夏彦氏は書いた

保険は常に払い渋る

山本　夏彦

私はあらゆる保険を信じないばかりか、モーゼンたる敵意をいだいている。いくら甘言をもって加入を勧められても、そっぽを向いて応じない。火災保険だけは義理ではいってはいるものの、万一罹災して会社がとんで来て見舞を述べても、全額払ってくれるとは思ってない。

お忘れだろうが大正十二年の大震災のとき地震が原因の火事には一切払わないと、保険会社は結束して客に当った。五年前の宮城沖地震は大正の大震災とはくらべものにならないほど小さかった。火事も少なかった。それなのに今度は地震保険を払うまいとした。あれは「全損」だけに払う契約で、80%の査定があれば全損と認めるが79%ならゼロである。

むろん全損は希である。半損または一部損が圧倒的に多い。農協の同じ保険は半損にも一部損にも払ったから、保険会社は日本中の非難をあび、ようやく半損から払うことに改めたのが昭和五十五年、そこへ今回の秋田沖地震である。こんどこそ清く払うかと思いきや会社は再び三たび払い渋った。

秋田県だけでも倒壊家屋二五〇〇件に対して保険金支払の対象にしたのは二四〇件四億円たらず、農協は四七〇〇件五五億払ったという。

倒壊の程度の査定をするのは保険会社の社員だから、会社に有利にするにきまっていること火災保険生命保険の場合と同じである。会社は全焼を半焼に、半焼をボヤにしたがる。見玉え屋根が残っている、物置が残っている、家財道具を出したから全焼ではないと査定する。

山で遭難して死んだのはたしかだが、その山は登山届を出して登る規則なのに故人は出していなかった。故に払えないと思いもよらないケチをつける。

社員がかけつけるのは見舞のためではない。払わぬ理由をさがすためである。私がいかなる甘言にもそっぽを向くのはこんなわけからで、もし外国によい保険というものがあるのなら、それを導入して競争させることを望む。それ以外にわが国の保険を向上させる方法はない。

山本夏彦氏
写真提供：共同通信社

出典：「週刊新潮」1983年9月22日号

こんなことを書かせると、以後、私たちの業界は、御社《おんしや》に広告を出さないぞ、と。このあと、どれぐらい山本夏彦先生が、出版社との関係でどれぐらいいやな思いをしたことか。察《さつ》するに余りある。言論人、知識人はかく有らねばならない。世の中の大きな真実を書いて伝えなければいけない。真に愚劣な者たちから、どれほど酷《ひど》い目に遭わされようとも。

山本夏彦の文と人柄と生き方を私は心の底から尊敬している。彼の志《こころざし》は私が受け継ぐ。生保業界よ、今度は私を痛めつけに来い。

あとがき

私が、「あ、騙された。生命保険は騙しだ」と気づいたのは、2018年3月だった。奥さんから、「早く契約（の見直し。転換）をしないと、もういい条件では入《はい》れないのよ」とせかされたときだ。そのとき「ご提案プラン」の紙を渡された。私はこれまできちんと、この手の勧誘もののパンフレットとかを真面目に（つまり真剣に）読んだことがなかった。

生命保険のことは奥さんに任《まか》せっきりで、手をつけようとしなかった。私が（事故か病気で）死んだら、保険金5000万円は奥さんにおりる。それしか考えなかった。それで24年間が過ぎていた。

ところが、毎月5万6000円の掛け金（保険料《りょう》という）が「16万3000円になる」と書いてあった。一体、誰が、こんな高額な保険料を毎月払えるというのだ。私は一瞬でカッとなった。奥さんに「こんな高い金を払える人がいるか。どうなっているの」と怒鳴った。これが小さな夫婦ゲンカになった。

この時から、私のニッセイとの闘いが始まった。痩《や》せても枯《か》れても私は金融評論家だ。〝お金《かね》の専門家〟である私が、こんなヒドい騙《だま》され方をした。私は激しく怒った。そして半年、私はニッセイの社員たちと話し合いを重ね、自分でも「生命保険のしくみ」の勉強や調査研究を始めた。たくさんの資料を読んだ。

そして、ついに彼らの〝ダマシの手口〟をいくつか発見した。これには、法律学（民法学）の知識と確率《かくりつ》（probability プロバビリティ）と統計《とうけい》（statistics スタティスティックス＝日本国民はどれぐらいの割合で死ぬか）の知識が必要だ。なぜなら生命保険の料率決定には、確率微分《びぶん》方程式の曲線が使われているからだ。

だが、私に対面したニッセイの「お客様サービス係」の職員たちには、この知識はない。「副島さまの払い込んだ原価《げんか》（原資金《げん》）の配分先（どのように使い込まれてしまったか）についいては情報を開示できないかもしれません」の一点張りで、ついに私の保険料（1400万円ぐらい払った）が積み立てられていたはずの原資《げんし》は、無惨にもコウカツにも、「3回の転換（見直し）」で、使い込まれてほとんど残っていない。私は68歳の契約終了時に、ポイされる。今解約しても「返《へん》戻金《れいきん》はゼロです」と言われた。

「終身《しゅうしん》部分」のたったの100万円が、私が死んだときにおりる（ニッセイから払われる）らしい。何ということだ。私は激しく怒った。

「いや、生命保険というのは元々そういうものだよ。自分の命を賭けたバクチなのだから」と冷ややかに、この本で細かく書かれた言動を突き放す人もいるだろう。

だが、セイホの真実はそんなものではないのだ。皆さんも、きっと保険でダマされている（セイホに入っていない賢い人は別）。だから、私のこの本を読んでください。

２０１９年２月　副島隆彦

著者略歴

副島隆彦《そえじまたかひこ》

評論家。副島国家戦略研究所（SNSI）主宰。一九五三年、福岡県生まれ。早稲田大学法学部卒業。外資系銀行員、予備校教師、常葉学園大学教授等を歴任。「日本属国論」とアメリカ政治研究を柱に、日本が採るべき自立の国家戦略を提起、精力的に執筆・講演活動を続けている。

今回『老人一年生』（幻冬舎）に続き、自らの痛い体験をもとに多くの長生き老人が向き合う問題を提起した。

『属国・日本論』（五月書房）、『「トランプ暴落」前夜』（祥伝社）、『世界権力者 人物図鑑』『日本人が知らない 真実の世界史』（ともに日本文芸社）など著書多数。

●著者問い合わせ先 GZE03120@nifty.ne.jp（副島隆彦メールアドレス）

幻冬舎新書 545

生命保険はヒドい。騙しだ

二〇一九年三月三十日　第一刷発行

著者　副島隆彦
発行人　見城　徹
編集人　志儀保博

発行所　株式会社　幻冬舎
〒一五一―〇〇五一　東京都渋谷区千駄ヶ谷四―九―七
電話　〇三―五四一一―六二一一（編集）
　　　〇三―五四一一―六二二二（営業）
振替　〇〇一二〇―八―七六七六四三

ブックデザイン　鈴木成一デザイン室
印刷・製本所　中央精版印刷株式会社

GENTOSHA

Printed in Japan　ISBN978-4-344-98546-9 C0295
そ-1-5
幻冬舎ホームページアドレス http://www.gentosha.co.jp/
＊この本に関するご意見・ご感想をメールでお寄せいただく場合は、comment@gentosha.co.jp まで。